Ursula Sedlmayer

Wege zur Persönlichen Autorität junger Frauen

Für Julia,
für alles –
Kollegialität u. Anregung –
mit Dankbarkeit und
großer Zuneigung

Ursula Sedlmayer

RHOMBOS

Bibliografische Information der Deutschen Nationalbibliothek
Die Deutsche Nationalbibliothek verzeichnet diese Publikation in der Deutschen Nationalbibliografie;
detaillierte bibliografische Daten sind im Internet über http://dnb.d-nb.de abrufbar

Umschlag: Rhombos-Verlag, Bernhard Reiser, Berlin

Foto auf Umschlagseite 1: rebel@pixelio.de

RHOMBOS-VERLAG
Kurfürstenstr. 17
D-10785 Berlin
www.rhombos.de
verlag@rhombos.de
VK-Nr. 65 859

Druck: dbusiness.de GmbH, Berlin

Printed in Germany

ISBN 978-3-938807-80-4

Wege zur Persönlichen Autorität junger Frauen

Persönlichkeitsentwicklung in Abhängigkeit von der Position im Herkunftsfamiliensystem

Inaugural–Dissertation
zur Erlangung des Doktorgrades der Philosophie
an der Ludwig-Maximilians-Universität
München

vorgelegt von

Ursula Sedlmayer

aus

München

RHOMBOS-VERLAG, Berlin
2008

Referent: Prof. Dr. Klaus A. Schneewind
Koreferent: Prof. Dr. Siegfried Höfling

Tag der mündlichen Prüfung: 29.06.2006

Dank

Diese Dissertation widme ich meinem Vater, der ihre Fertigstellung leider nicht mehr erlebt hat. Ganz abgesehen davon, dass er stolz auf mich gewesen wäre, hat er mir beigebracht, Vorhaben, die schwierig scheinen, trotzdem zu beginnen und nicht so leicht aufzugeben.

Eine Reihe von Menschen hat mich unterstützt und auf unterschiedliche Weise zum Gelingen dieser Arbeit beigetragen. Ihnen allen danke ich von Herzen. Insbesondere gilt mein Dank:

Meinem Doktorvater Prof. Dr. Klaus A. Schneewind für wertvolle Anregungen und geduldige Betreuung, für langjährige Wertschätzung und für sein Vertrauen, mir auch in der Familiengründungsphase die Vereinbarkeit von Familie und Beruf zu ermöglichen.

Dr. Martin Schmidt für die Verwendung der Daten, für die Eröffnung von systemischen und mehrgenerationalen Perspektiven und für langjährige interessante Diskussionen.

Dr. Wolfgang Sierwald für ebenso anregende Diskussionen und methodischen Beistand.

Meinen lieben Kolleginnen: Dr. Melanie Kupsch und Stephanie Ewald für ganz maßgebliche Strukturierung und Unterstützung; Dr. Eva Wunderer für Begleitung und wertvolle konstruktive Kritik des Manuskriptes und Julia Berkic für gute Gespräche und das gemeinsame – häufig nächtliche – Durchschreiten des Dissertationsprozesses, der so schon fast angenehm wurde.

Meinen Hilfskräften Barbara Brandauer und Judith Wagner für ihre sehr kompetente Unterstützung und Geduld.

Meiner Familie, die ganz entscheidenden Anteil am Gelingen dieser Arbeit hat. Meine Mutter hat mich mit ihrer Großzügigkeit und ihrem Glauben an mich sehr bestärkt, meine „Mädels" Ewelina und Benja und meine Schwiegereltern haben mich mit großer Geduld unermüdlich unterstützt und meine Kinder Vito und Isabella haben mir den entscheidenden Motivationsschub versetzt. Ohne meinen großartigen Mann Veit aber gäbe es diese Arbeit nicht. Sein Verständnis von Partnerschaft und von Vereinbarkeit von Familie und Beruf hat die Dissertation möglich gemacht.

Inhaltsverzeichnis

Vorbemerkung 5

Inhaltsverzeichnis 7

Verzeichnis der Tabellen 10

Verzeichnis der Abbildungen 12

1   Einleitung 15

2   Theoretischer Teil 19

2.1   Was ist Persönlichkeit? 19

2.2   Was wird unter Persönlichkeitsentwicklung verstanden? 23

2.3   Wie lässt sich Persönlichkeitsentwicklung im
       frühen Erwachsenenalter darstellen? 26

    2.3.1   Modelle psychosozialer Entwicklung 29

        2.3.1.1   Eriksons Theorie 29

        2.3.1.2   Levinsons Theorie 31

        2.3.1.3   Vaillants Theorie 36

    2.3.2   Modelle motivationaler Entwicklung 38

        2.3.2.1   Die Selbstbestimmungstheorie von Deci und Ryan ... 38

        2.3.2.2   Der interpersonale Ansatz 41

    2.3.3   Psychosoziales und motivationales Modell der Entwicklung
             Persönlicher Autorität im Familiensystem von Williamson ... 43

    2.3.4   Persönlichkeitsentwicklung aus systemischer Sicht 45

        2.3.4.1   Eine spezifische Perspektive: Sozial-konstruktionistisch ... 45

        2.3.4.2   Spezifische Repräsentanzen: Bilder und Schemata ... 46

        2.3.4.3   Spezifische Form der Selbstorganisation: Attraktorenmodell ... 47

    2.3.5   Zusammenführung der Modelle – Blick auf ausgewählte Aspekte
             der Persönlichkeitsentwicklung ... 49

2.4   Wie kann Persönlichkeitsentwicklung aktiviert werden? -
       Systemische Familienrekonstruktion nach dem Münchner Modell ... 51

    2.4.1   Grundlagen und Ziele 52

    2.4.2   Rahmenbedingungen und Durchführung 54

3   Fragestellungen und Hypothesen 63

4 Untersuchungsansatz **67**

4.1 Durchführung der Studie **67**

4.2 Stichprobe **69**

4.3 Erhebungsinstrumente **73**

4.3.1 PAFS-Q: Erfassung der Position im Herkunftsfamiliensystem
(Beziehungsschema: Familienbild) 73

4.3.2 IIP-C: Erfassung der Position in allgemeinen sozialen Kontexten
(Beziehungsschema: Sozialbild) 76

5 Ergebnisse **79**

5.1 Reliabilitätsanalyse **79**

5.1.1 PAFS-Q 79

5.1.2 IIP-C 80

5.2 Skaleninterkorrelationen **81**

5.2.1 PAFS-Q 81

5.2.2 IIP-C 81

5.3 Faktorenanalytische Befunde zum PAFS-Q **82**

5.4 Prä-Postvergleiche auf allgemeiner Ebene **84**

5.4.1 PAFS-Q 85

5.4.2 IIP-C 88

5.5 Clusteranalyse über die PAFS-Q Skalen **92**

5.6 Prä-Postvergleiche unter differentieller Perspektive **101**

5.6.1 PAFS-Q: Entwicklung auf der Ebene der Primärskalen 102

5.6.2 PAFS-Q: Entwicklung auf der Ebene der Sekundärdimensionen 107

5.6.3 IIP-C 114

6 Diskussion **125**

6.1 Grenzen der empirischen Untersuchung **125**

6.1.1 Stichprobe..125

6.1.2 Angemessenheit der Methodik 127

6.2 Diskussion der zentralen Ergebnisse **128**

6.2.1 Spannungsfeld Herkunftsfamilie zwischen
Selbst- und Sozialentwicklung 128

6.2.2   Unterschiedliche Ausgangspositionen in der Herkunftsfamilie
für die Entwicklung 129

6.2.3   Unterschiedliche Wege der Persönlichkeitsentwicklung 132

    6.2.3.1   Die Gruppe der differenziert Verbundenen 133

    6.2.3.2   Die Gruppe der moderat verstrickt, eingeschränkt Verbundenen 134

    6.2.3.3   Die Gruppe der moderat differenziert Distanzierten 134

    6.2.3.4   Die Gruppe der verstrickt Distanzierten 135

    6.2.3.5   Gesamtbetrachtung der Persönlichkeitsentwicklung 136

    6.2.3.6   Zusammenfassung 138

6.3 Ausblick für weitere Forschung **138**

6.4 Anwendungsrelevanz der Ergebnisse **140**

7 Zusammenfassung **143**

8 Literatur **147**

Verzeichnis der Tabellen

Tabelle 1: Drei-Ebenen-Modell der Persönlichkeit von McAdams (2006, p. 12, übersetzt von der Autorin) ... 22

Tabelle 2: Die wichtigsten Lebensabschnitte der menschlichen Entwicklung aus Sicht der Lebensspannenperspektive (Teil einer Tabelle, entnommen aus Berk 2005, S. 9) ... 27

Tabelle 3: Eriksons Phasen der psychosozialen Entwicklung zusammen mit den parallel laufenden psychosexuellen Phasen Freuds ... 30

Tabelle 4: Stadien der psychosozialen Entwicklung im Erwachsenenalter (aus: Berk, 2005, S. 620) ... 37

Tabelle 5: Mittelwerte (M) und Standardabweichungen (SD) auf den Skalen des IIP-C für die Untersuchungs- und Normstichprobe (Frauen; Altersgruppe 25 – 34 Jahre) ... 72

Tabelle 6: Fünf Skalen des PAFS-Q mit inhaltlicher Definition und Beispiel-Item ... 76

Tabelle 7: Die acht Skalen des IIP-C mit Beispiel-Items ... 78

Tabelle 8: Skalenanalytische Befunde für alle Skalen, Mittelwerte (M) und Standardabweichungen (SD), Cronbach´s Alpha (α) und Anzahl der Items pro Skala (# Items) ... 80

Tabelle 9: PAFS-Q Skaleninterkorrelationen für MZP I und II ... 81

Tabelle 10: IIP-C Skaleninterkorrelationen für MZP I und II ... 82

Tabelle 11: Rotierte Komponentenmatrix – Faktorladungen und Kommunalitäten ... 83

Tabelle 12: Mittelwerte (M), Standardabweichungen (SD) und Standardfehler (SE) der PAFS-Q Skalen für die Prä- und Postmessung (MZP I und MZP II) ... 86

Tabelle 13: Varianzanalyse der Prä-Post-Vergleiche im PAFS-Q – Zwischensubjekteffekte MZP I und II ... 86

Tabelle 14: Mittelwerte (M), Standardabweichungen (SD) und Standardfehler (SE) der IIP-C Skalen für die Prä- und Postmessung (MZP I und MZP II) ... 89

Tabelle 15: Varianzanalyse der Prä-Post-Vergleiche im IIP-C – Zwischensubjekteffekte MZP I und II ... 90

Tabelle 16: Tree Validation – Ergebnisse ... 94

Tabelle 17: Clusterzentren und Clusterbezeichnungen ... 95

Tabelle 18: Anzahl der Probandinnen pro Cluster ... 97

Tabelle 19: Deskriptive Daten für die PAFS-Q Skalen pro Cluster ... 97

Tabelle 20: Darstellung der Post-hoc-Tests für die Cluster pro PAFS-Q Skala ... 98

Tabelle 21: Darstellung der Post-hoc-Tests für die Cluster pro IIP-C Skala ... 99

Tabelle 22: Deskriptive Daten für die IIP-C Skalen pro Cluster ... 100

Tabelle 23: Mittelwerte (M), Standardabweichungen (SD) und Standardfehler (SE) der PAFS-Q Skalen differenziert für die vier Cluster (Prä- und Postmessung) 103

Tabelle 24: Tests der Zwischensubjekteffekte für die PAFS-Q Skalen 104

Tabelle 25: Überblick über die signifikanten Prä-Post-Veränderungen der PAFS-Q Skalen pro Cluster 105

Tabelle 26: T-Test bei gepaarten Stichproben für Cluster 2 (moderat verstrickt – eingeschränkt verbunden), Triangulierung 105

Tabelle 27: T-Test bei gepaarten Stichproben für Cluster 3 (moderat differenziert - distanziert), Intimität, Triangulierung, Persönliche Autorität in der Kommunikation 106

Tabelle 28: T-Test bei gepaarten Stichproben für Cluster 4 (verstrickt - distanziert), Fusion, Intimität, Triangulierung, Persönliche Autorität in der Kommunikation 106

Tabelle 29: Mittelwerte (M), Standardabweichungen (SD) und Standardfehler (SE) der PAFS-Q Dimensionen, differenziert für die vier Cluster (Prä- und Postmessung) 108

Tabelle 30: Tests der Zwischensubjekteffekte für die PAFS-Q Dimensionen 111

Tabelle 31: Überblick über die signifikanten Prä-Post-Veränderungen der PAFS-Q-Dimensionen pro Cluster 112

Tabelle 32: T-Test bei gepaarten Stichproben für Cluster 1 (differenziert - verbunden), Verbundenheit vs. Distanz 112

Tabelle 33: T-Test bei gepaarten Stichproben für Cluster 3 (moderat differenziert - distanziert), Verbundenheit vs. Distanz 112

Tabelle 34: Mittelwerte (M), Standardabweichungen (SD) und Standardfehler (SE) der IIP-C Skalen differenziert für die vier Cluster (Prä- und Postmessung) 115

Tabelle 35: Tests der Zwischensubjekteffekte für die IIP-C Skalen 117

Tabelle 36: Überblick über die signifikanten Prä-Post-Veränderungen der IIP-C-Skalen pro Cluster 118

Tabelle 37: T-Test bei gepaarten Stichproben für Cluster 2 (autonom, mäßig verstrickt) 118

Tabelle 38: T-Test bei gepaarten Stichproben für Cluster 4 (distanziert, sehr verstrickt) 119

Verzeichnis der Abbildungen

Abbildung 1: Ein persönlichkeitstheoretisches Rahmenmodell (aus: McCrae & Costa, 1999, p. 142; übersetzt von der Autorin). Die mit Pfeilen symbolisierten Verbindungen zwischen den Kategorien stellen dynamische Prozesseinflüsse dar 21

Abbildung 2: Levinsons Entwicklungsphasen des frühen und mittleren Erwachsenenalters (aus Levinson, 1986, p. 8; übersetzt von der Autorin). 33

Abbildung 3: Die verschiedenen Formen der Verhaltensregulation in der Selbstbestimmungstheorie nach Deci und Ryan (aus Bles, 2002, S. 239).. 39

Abbildung 4: Ablauf einer Familienrekonstruktion des Münchner Modells (aus Schmidt, 2003, S. 107)....................... 55

Abbildung 5: Vereinfachtes Genogramm der Rekonstrukteurin des Beispiels 61

Abbildung 6: Zeitlicher Ablauf der Untersuchung von Familienrekonstruktionen in der Gruppe 68

Abbildung 7: Altersverteilung der Stichprobe (zusammengefasst für Fünf-Jahres-Zeiträume) 70

Abbildung 8: Familienstand der Probandinnen (Prozent) 70

Abbildung 9: Geschwistersituation der Probandinnen (Prozent) 71

Abbildung 10: IIP-C Skalen für Norm- und Untersuchungsstichprobe (MZP I) 73

Abbildung 11: PAFS-Q Skalen für zwei Messzeitpunkte (Prä-Post)..................... 87

Abbildung 12: PAFS-Q Skalen für 3 Messzeitpunkte (Prä-Post-Katamnese) 88

Abbildung 13: IIP-C Skalen für zwei Messzeitpunkte (Prä-Post)..................... 90

Abbildung 14: IIP-C Skalen fur drei Messzeitpunkte (Prä-Post-Katamnese) 91

Abbildung 15: Fusionierungsgraphik der potentiell passenden Clusterlösungen............... 93

Abbildung 16: Ausprägungen der PAFS-Q Skalen für die vier Cluster............................ 95

Abbildung 17: Angenommene Position der vier Cluster und deren Bezeichnung im zweidimensionalen Raum der Sekundärdimensionen 96

Abbildung 18: Darstellung der Position der Cluster im zweidimensionalen Raum des PAFS-Q (MZP I) 109

Abbildung 19: Darstellung der Position der Cluster im zweidimensionalen Raum des PAFS-Q als Prä-Post-Vergleich; nicht ausgefüllte Kreise (MZP I), ausgefüllte Kreise (MZP II)..................... 110

Abbildung 20: Darstellung der Position der Cluster im zweidimensionalen Raum des PAFS-Q als Prä-Katamnese-Vergleich; nicht ausgefüllte Kreise (MZP I), ausgefüllte Kreise (MZP III)..................... 113

Abbildung 21: IIP-C Skalenwerte des Clusters 1 (differenziert - verbunden) für drei Messzeitpunkte (Prä-Post-Katamnese)..................... 120

Abbildung 22: IIP-C Skalenwerte des Clusters 2 (moderat verstrickt - verbunden) für drei Messzeitpunkte (Prä-Post-Katamnese)..121

Abbildung 23: IIP-C Skalenwerte des Clusters 3 (moderat differenziert - distanziert) für drei Messzeitpunkte (Prä-Post-Katamnese)..122

Abbildung 24: IIP-C Skalenwerte des Clusters 4 (verstrickt - distanziert) für drei Messzeitpunkte (Prä-Post-Katamnese)..123

1 Einleitung

Die vorliegende Arbeit leistet einen Beitrag zum besseren Verständnis von Persönlichkeitsentwicklung im frühen Erwachsenenalter und konzentriert sich dabei auf die Entwicklung von Frauen. Junge Frauen aus Gesellschaften westlicher Prägung haben heutzutage vielfältige Möglichkeiten das eigene Leben individuell zu gestalten. Mit diesen Möglichkeiten wächst aber auch der Druck sich zu orientieren und Entscheidungen für bestimmte Wege der eigenen Entwicklung zu treffen.

Prozesse persönlicher Entwicklung lassen sich besser verstehen, wenn die der Orientierung und Entscheidungsfindung zugrunde liegenden Motive mit in die Betrachtung einbezogen werden. Psychologische Ansätze, die Entwicklungsprozesse dabei im Kontext betrachten, beziehen sich häufig auf David Bakan (1966; 1976), der den Menschen im Spannungsfeld zweier grundlegender Daseinsformen („agency" und „communion") verortet. Dabei steht „agency" für das Dasein des Menschen als Einzelwesen und „communion" für die Teilhabe des einzelnen Menschen an einer größeren Gemeinschaft. Aus seinem Dasein als Individuum und gleichzeitig als Gemeinschaftswesen lassen sich zwei grundlegende Bedürfnisstrukturen des Menschen nach Unabhängigkeit (äquivalent dazu: Autonomie oder Individuation) und nach Verbundenheit (Bezogenheit oder Intimität) ableiten. Um den Begriff des Spannungsfeldes wieder aufzunehmen: Diese Bedürfnisse stehen – in Abhängigkeit vom Entwicklungsstand der Person und ihren bisherigen Beziehungserfahrungen – häufig in einem gewissen Spannungsverhältnis zueinander; sie stehen vielleicht im Widerspruch oder müssen gegeneinander abgewogen werden. Die Fähigkeit beide Grundbedürfnisse in Übereinstimmung bringen zu können ist eine wesentliche Voraussetzung für ausgeglichene Entwicklungsprozesse. Williamson (1991) hält sie sogar für die entscheidende Beziehungsherausforderung des Erwachsenenalters.

Im frühen Erwachsenenalter gibt es bei Frauen häufig Phasen, die von großen Ambivalenzen bezüglich der Bedürfnisse nach Unabhängigkeit und nach Verbundenheit geprägt sind (Berk, 2005; Levinson, 1986). Frauen beschreiben das Gefühl so, als säßen sie an einer Weggabelung ohne Wegweiser und wüssten nicht wohin es weitergeht. Diejenigen, die eng verbunden sind, entwickeln vielleicht Bedürfnisse nach mehr Unabhängigkeit und diejenigen, die sich Unabhängigkeit möglicherweise mühsam „erkämpft" haben, entwickeln vielleicht Bedürfnisse nach mehr Verbundenheit. In beiden Fällen können sehr ambivalente Gefühle entstehen, vor allem, wenn die Erfahrung der Vereinbarkeit beider Bedürfnisse fehlt. So kann es passieren, dass man zunächst an besagter Weggabelung „sitzen bleibt", die eigene Entwicklung als stagnierend erlebt und dann Wege suchen muss, die man beschreiten kann. Ein Phänomen, mit dem sich in den letzten Jahren auch die Medien verstärkt beschäftigt haben; z.B. durch Fernsehserien wie „Ally McBeal" oder „Sex and the City" (Kegel, 2001).

Phasen der Ambivalenz und Suche nach dem richtigen Weg im jungen Erwachsenenalter – was ist das für ein Phänomen? Zunächst einmal scheinen vorrangig junge Frauen, die auf die Dreißig zugehen oder diese überschritten haben, diese Ambivalenz zu erleben (vgl. oben genannte Beispiele aus den Medien). Dabei handelt es sich um ein relativ neues Phänomen, das möglich wird, weil sich in den letzten Jahrzehnten durch den Ausbau der Bildungschancen und durch größere sexuelle Freiheit Biographien von Frauen entstandardisiert haben (Berk, 2005; Heinz, 2001; Schneewind & Grandegger, 2005). Rollenerwartungen der Gesellschaft und die Übernahme von Verpflichtungen im Arbeits- und Familienleben entsprechen nicht mehr den traditionellen Zeitplänen des Lebenslaufs (Enttraditionalisierung). Dies führt dazu, dass junge Frauen häufiger individuelle Lebensformen ausprobieren ("Pluralismus der Lebensformen", Schneewind, 1999). Weiter lässt sich das Phänomen so beschreiben, dass Ambivalenzen und Sinnsuche erst nach einer gewissen Wegstrecke ins Erwachsenenalter hinein auftreten. Ohne vorher einen Weg in Richtung Unabhängigkeit oder Verbundenheit ausprobiert zu haben, wird auch keine Umorientierung nötig sein. Damit stellt sich auch erst zu diesem Zeitpunkt die Frage, wie beide Bedürfnisse gut in Einklang gebracht werden können. Das Phänomen der Ambivalenz lässt sich über das reine Entscheidungsproblem hinaus auch verstehen als Angst vor der Unvereinbarkeit von Unabhängigkeits- und Verbundenheitsbedürfnissen.

Die vorliegende Arbeit beschäftigt sich mit Prozessen der Persönlichkeitsentwicklung von Frauen im frühen Erwachsenenalter, die zur Integration von Unabhängigkeits- und Verbundenheitsbedürfnissen führen können und greift dafür insbesondere das Konzept der *Persönlichen Autorität im Herkunftsfamiliensystem* (Williamson, 1991) auf. Dabei steht *Persönliche Autorität* unter anderem für die Fähigkeit, eine klare, eigene Position einnehmen sowie eigene Entscheidungen treffen und auch verantworten zu können. Damit läuft der Erwerb von mehr Persönlicher Autorität im Herkunftsfamiliensystem auf die Möglichkeit hinaus, Ambivalenzen zwischen Unabhängigkeits- und Verbundenheitsbedürfnissen aufzulösen und Entscheidungen für eigene Wege der Entwicklung treffen zu können.

Für die Untersuchung wird eine Stichprobe von 102 jungen Frauen, mit einem durchschnittlichen Alter von 31 Jahren, vor und nach einem Selbsterfahrungsprozess in der Gruppe „Systemische Familienrekonstruktion" (Schmidt, 2003) ausführlich befragt. Anhand der erhobenen Daten werden unterschiedliche Positionen der Probandinnen in ihren Herkunftsfamilien identifiziert, von denen aus sich auf mehr oder weniger ambivalente Gefühle der jungen Frauen bezüglich der Bedürfnisse nach Unabhängigkeit und Verbundenheit schließen lässt. In Abhängigkeit von dieser Ausgangsposition werden dann unterschiedliche Wege zu mehr Persönlicher Autorität beschrieben. Außerdem wird analysiert, ob sich ein Zuwachs von Persönlicher Autorität im Herkunftsfamiliensystem zur besseren Vereinbarkeit von Unabhängigkeits- und Verbundenheitsbedürfnissen auf andere Beziehungssysteme übertragen lässt. Insgesamt wird – aus Sicht der Persönlichkeits-, Entwicklungs- und Motivationstheorie – ein Beitrag zur differenzierten Betrachtung des frühen Erwachsenenalters bei Frauen geleistet.

Im folgenden Theorieteil der Arbeit (Kapitel 2) werden zunächst die zum Verständnis der Persönlichkeitsentwicklungsprozesse im frühen Erwachsenenalter notwendigen theoretischen Hintergründe genauer erläutert. Aus den im Theorieteil dargelegten Ansätzen, Modellen und Forschungsbefunden lassen sich Fragestellungen und Hypothesen ableiten, die im Kapitel 3 vorgestellt und begründet werden. In Kapitel 4 erfolgt die Überleitung in den empirischen Teil der Arbeit, in dem der Untersuchungsansatz genau beschrieben wird. Im Einzelnen werden die Durchführung der empirischen Studie, die Stichprobe und die eingesetzten Erhebungsinstrumente dargelegt. Kapitel 5 schließt mit der Darstellung der Ergebnisse an, die schließlich in Kapitel 6 zusammenfassend diskutiert werden. In diesem abschließenden Kapitel werden in Abhängigkeit von der Ausgangsposition in den Herkunftsfamilien unterschiedliche Wege zur Persönlichen Autorität beschrieben und in ein Entwicklungsmodell eingeordnet. Zudem enthält es Implikationen für die Praxis und Ausblicke für die weitere Forschung.

2 Theoretischer Teil

Da sich die vorliegende Arbeit mit Prozessen der Persönlichkeitsentwicklung beschäftigt, sollen zunächst der Begriff der Persönlichkeit und dann die Entwicklungsperspektive der Persönlichkeit genauer definiert und in das Forschungsgebiet der Persönlichkeitspsychologie eingeordnet werden. Daran anschließend werden Modelle psychosozialer und motivationaler Persönlichkeitsentwicklung, insbesondere des frühen Erwachsenenalters vorgestellt. Bei der Einführung der Modelle wird darauf fokussiert, inwiefern grundlegende Bedürfnisse nach Unabhängigkeit und Verbundenheit beachtet und zueinander ins Verhältnis gesetzt werden. Maßgeblich für die vorliegende Arbeit ist dabei das Modell der Entwicklung Persönlicher Autorität im Herkunftsfamiliensystem von Williamson (1991), das sich mit der Vereinbarkeit dieser grundlegenden Bedürfnisse beschäftigt und konkrete Interventionen vorschlägt. Danach werden einige strukturelle Aspekte von Veränderungsprozessen aus systemischer Sicht in die theoretische Konzeption eingebunden, die zur Interpretation von Entwicklungsprozessen hilfreich sind. Abschließend im Theorieteil wird die Methode der systemischen Familienrekonstruktion in der Gruppe vorgestellt, durch die, der Theorie nach, die beschriebenen Persönlichkeitsentwicklungsprozesse der Teilnehmerinnen aktiviert oder intensiviert werden.

2.1 Was ist Persönlichkeit?

Bei der wissenschaftlichen Betrachtung von Prozessen der Persönlichkeitsentwicklung bedarf es zunächst einer Präzisierung dessen, was unter „Persönlichkeit" verstanden werden soll. In der aktuellen Debatte der Persönlichkeitspsychologie wird der Begriff der Persönlichkeit zumeist beschreibend verwendet (Asendorpf, 2004) und sehr unterschiedlich definiert (Amelang & Bartussek, 1997). Dies mag der Grund dafür sein, dass einige Theoretiker Persönlichkeit sehr allgemein definieren. Beispielhaft hierfür seien Pervin und John (2001) angeführt, für die die Persönlichkeit einer Person aus den Charakteristiken besteht, die durch konsistente emotionale, kognitive und verhaltensbezogene Muster erklärt werden. Andere Autoren beantworten die Frage „was ist Persönlichkeit?" gar nicht erst mit einer Definition, sondern bieten als Präzisierung des Konstrukts Persönlichkeit eine integrative Betrachtungsweise an. Friedman und Schustack (2004) beispielsweise sehen moderne Erklärungen der Persönlichkeit als eine Synthese psychologischer Forschungen aus unterschiedlichen Perspektiven an. Für ihre Darstellung von Persönlichkeit tragen sie acht Grundaspekte der Persönlichkeit zusammen: die psychoanalytische, die neoanalytische, die biologische, die behavioristische, die kognitive, die eigenschaftsorientierte, die humanistische und die interaktionistische Perspektive.

Diejenigen, die präzisere Definitionen für wichtig erachten, werden zumeist spezifischer. Vor allem der „Main-Stream" der deutschen Persönlichkeitspsychologie definiert Persönlichkeit auf der Grundlage von Merkmalsmustern (Traits), die durch zeitlich und situativ zumindest mittelfristig stabile Verhaltenstendenzen ausgeprägt werden (Amelang & Bartussek, 1997; Asendorpf, 2004). Bestärkt wurden diese Ansätze durch die empirische Bestätigung von Trait-Modellen, vor allem die des Fünf-Faktoren-Modells (McCrae & Costa, 1996; 1999). Zusätzlich wird bei den an Trait-Modellen orientierten Definitionen der Persönlichkeit eine weitere Ebene unterschieden: Die der etwas weniger stabilen Persönlichkeitseigenschaften, repräsentiert durch Handlungsdispositionen (Motive, Erwartungs- und Attributionsstile), Bewertungsdispositionen (Werthaltungen, Einstellungen) und selbstbezogene Dispositionen (Selbstkonzept, Selbstwertgefühl) (Asendorpf, 2004). Letztlich aber fehlt diesem deskriptiven Verständnis von Persönlichkeit ein theoretischer Überbau im Stile der großen Persönlichkeitstheorien der ersten Hälfte des vorherigen Jahrhunderts (z.B. psychoanalytisch orientiert: Freud, Jung, Erikson; lerntheoretisch orientiert: Hull, Skinner; humanistisch orientiert: Rogers, Maslow).

Um der Kritik fehlender theoretischer Fundierung der Trait-Modelle zu begegnen, haben McCrae und Costa (1996; 1999) ein auf dem Fünf-Faktoren-Modell aufbauendes theoretisches Rahmenmodell der Persönlichkeit entwickelt, das sie als Fünf-Faktoren-Theorie (FFT) der Persönlichkeit bezeichnen. Die folgende Abbildung 1 veranschaulicht das theoretische Rahmenmodell.

Wie erwartet nehmen Persönlichkeitseigenschaften (Traits) als basale Verhaltenstendenzen eine zentrale Stellung im Modell der FFT ein; zur Erklärung des Gesamtsystems Persönlichkeit werden aber dynamische Prozesse integriert und Wirkungsweisen vernetzt (vgl. für eine genauere Darstellung: Haupt, 2004). Anhand der Abbildung wird der Zusammenhang zwischen den biologisch herleitbaren basalen Verhaltenstendenzen (abstrakte Ebene: Beinhaltet Potential und Dispositionen, umfasst auch Traits) und den kulturell induzierten charakteristischen Anpassungen dieses Potentials (Fähigkeiten, Einstellungen, Gewohnheiten, auch Beziehungen) deutlich. Die auch für McCrae et al. (2000) wichtige Subkategorie des Selbstkonzepts (selbstbezogene Kognitionen, Selbstwertgefühl, Wahrnehmung eigener Identität) wird auf der Ebene der charakteristischen Anpassungen angesiedelt.

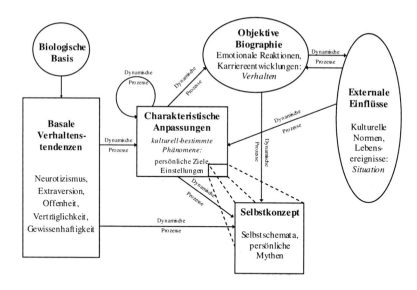

Abbildung 1: Ein persönlichkeitstheoretisches Rahmenmodell (aus: McCrae & Costa, 1999, p. 142; übersetzt von der Autorin). Die mit Pfeilen symbolisierten Verbindungen zwischen den Kategorien stellen dynamische Prozesseinflüsse dar.

Andere Autoren, die zur Erklärung des Gesamtsystems Persönlichkeit stärker an dynamischen Prozessen und Entwicklungsaspekten interessiert sind, heben die Kategorie des Selbstkonzepts oder der Identität heraus (McAdams, 2006; Schmidt, 2003; Schneewind, 2004). Schneewind (2004) geht sogar soweit, eine Konzeption von „Selbst" in den Kernbereich einer Persönlichkeitsdefinition zu integrieren und zwar eine unmittelbar auf dem Erleben aufbauende Konzeption des Selbst als Subjekt. Vier zentrale Aspekte charakterisieren diese Konzeption: a) Urheberschaft von Wirksamkeit, b) Identität mit sich selbst, c) Einheit des Tuns sowie d) Unterscheidung von sich selbst als Subjekt und anderen Subjekten. Definitionen dieser Art, die in der Tradition großer Persönlichkeitstheorien wieder stärker phänomenologisch orientiert sind, gewinnen in der Persönlichkeitspsychologie zunehmend an Bedeutung.

Eine Brücke zwischen eher deskriptiv orientierten und eher phänomenologisch orientierten Definitionen der Persönlichkeit hat McAdams (1996; 2006) mit seinem einflussreichen Drei-Ebenen-Modell der Persönlichkeit gebaut. Er bleibt damit im Bereich der deskriptiven Definitionen – McCrae et al. (2000) verweisen darauf, sie hätten ein ähnliches Modell vorgeschlagen – integriert aber Konzepte von Selbst, Identität und Lebensverlauf nicht auf der Ebene der charakteristischen Anpassungen, sondern schlägt in seiner Definition von Persönlichkeit eine weitere Ebene vor.

Tabelle 1 gibt die drei Ebenen eines vollständigen Persönlichkeits-Systems nach McAdams (2006) wieder. Dabei korrespondiert die Ebene der dispositionalen Traits mit dem, was die klassische Persönlichkeitspsychologie der letzten Jahrzehnte als Bereich der Persönlichkeitseigenschaften (Traits) definiert hat. Die mittlere Ebene der charakteristischen Anpassungen entspricht der gleichbezeichneten Kategorie im Modell von McCrae und Costa (1996; 1999). Die Ebene der Lebensgeschichten repräsentiert am ehesten den phänomenologischen Zugang zu einem Verständnis von Persönlichkeit. Schmidt (2003) sieht hier die sich entwickelnde Form der Individualität oder des Selbst verortet. Im Kontext von Lebensgeschichten kann der Frage nachgegangen werden, wie sich eine Person selbst gestaltet. Auch hier wird die Konzeption des Selbst als Subjekt deutlich.

Tabelle 1:   *Drei-Ebenen-Modell der Persönlichkeit von McAdams (2006, p. 12, übersetzt von der Autorin)*

Ebene	Definition	Beispiele
Dispositionale Traits	Breite Dimension der Persönlichkeit, die internale, globale und stabile individuelle Unterschiede in Verhalten, Denken und Fühlen umfasst. Traits stehen für situativ und zeitlich konsistente Verhaltenstendenzen.	Dominanz Depressive Tendenzen Pünktlichkeit
Charakteristische Anpassungen	Spezifischere Facetten der Persönlichkeit, die persönliche Anpassungen an motivationale, kognitive und entwicklungsbezogene Aufgaben und Herausforderungen beschreiben. Charakteristische Anpassungen sind abhängig von zeitlichen, örtlichen, situativen oder sozialen Kontexten.	Ziele, Motive, Lebenspläne Religiöse Werte Kognitive Schemata Psychosoziale Phasen Entwicklungsaufgaben
Lebensgeschichten	Internalisierte, sich entwickelnde „Narrationen" des Selbst. Diese werden von Personen konstruiert, um die Vergangenheit, die Gegenwart und die Zukunft zu integrieren und das Leben mit Sinn, Zweck und dem Gefühl der Ganzheit auszustatten. Lebensgeschichten behandeln die Probleme von Identität und Integration in Persönlichkeit – Probleme die für das moderne Erwachsenenleben charakteristisch sind.	Frühestes Gedächtnis Rekonstruktion der Kindheit Annahmen über das zukünftige Selbst Geschichten Episoden und Themen in Geschichten

Als Fazit lässt sich festhalten, dass moderne theoretische Ansätze, die erklären wollen, wie das Gesamtsystem „Persönlichkeit" funktioniert, entweder zwei oder drei Ebenen der Persönlichkeit unterscheiden. Als Beispiel für ein Zwei-Ebenen-Modell wurde die FFT von McCrae und Costa (1996; 1999) angeführt, bei der basale Verhaltenstendenzen von charakteristischen Anpassungen unterschieden werden. Drei Ebenen der Persönlichkeit wurden von McAdams (1996; 2006) konzeptualisiert, der Persönlichkeitsdispositionen (Traits) von charakteristischen Anpassungen und diese von Lebensgeschichten unterscheidet. Wie später noch ausgeführt wird (Kapitel 2.3.4) ist die empirische Grundlage dieser Arbeit auf der Ebene der charakteristischen Adaptationen angesiedelt. Theoretisch allerdings wird in dieser Arbeit davon ausgegangen, dass die zu beschreibenden Prozesse der Integration von Unabhängigkeits- und Verbundenheitsbedürfnissen auch auf der Ebene der Lebensgeschichten initiiert und verarbeitet werden. Daher wird im Folgenden das Modell von McAdams zugrunde gelegt.

2.2 Was wird unter Persönlichkeitsentwicklung verstanden?

Das Konzept der Persönlichkeitsentwicklung lässt sich verständlicher darstellen, wenn zunächst die Unterscheidung zwischen universellem und differentiellem Verlauf in der individuellen Persönlichkeitsentwicklung deutlich gemacht wird. Nach unserem intuitiven Verständnis wird jede Nicht-Konstanz von Verhaltenstendenz (Asendorpf, 2004) als Persönlichkeitsveränderung oder -entwicklung interpretiert. Diese Veränderungen beinhalten zwei unterschiedliche Aspekte: a) universelle oder durchschnittliche Veränderungen, die alterstypisch sind und keine individuellen Besonderheiten in der Entwicklung widerspiegeln und b) differentielle Veränderungen, die nicht alterstypisch sind und ausschließlich auf individuelle Besonderheiten der Entwicklung zurückgehen. Die Persönlichkeitspsychologie beschäftigt sich vornehmlich mit individuellen Besonderheiten im Erleben und Verhalten und damit mit differentiellen Veränderungen. Universelle oder durchschnittliche Veränderungen sind hauptsächlicher Betrachtungsgegenstand der Entwicklungspsychologie. Allerdings werden in der empirischen Persönlichkeitspsychologie zuweilen auch durchschnittliche Veränderungen (Mittelwertsveränderungen) als Persönlichkeitsentwicklungsprozesse beschrieben (z.B. McCrae et al., 1999; 2000; Roberts & DelVecchio, 2000). Nachdem die Persönlichkeitspsychologie die meisten ihrer großen theoretischen Modelle mit der Entwicklungspsychologie teilt (z.B. psychoanalytische, behavioristische, lerntheoretische, evolutionspsychologische Ansätze) spricht vieles dafür, dass sowohl universelle als auch differentielle Aspekte für das Verständnis und die Beschreibung von Persönlichkeitsentwicklungsprozessen zu beachten sind.

Weiterhin ist es für das Verständnis von Persönlichkeitsentwicklung wesentlich zu klären, ob nicht ein Widerspruch vorliegt, wenn die beiden Begriffe „Persönlichkeit" und „Entwicklung" in einem Konzept vereinigt werden. Wird doch vor allem bei dem am Trait-Modell orientierten Verständnis von Persönlichkeit von zeitlicher Stabilität ausgegangen, die nicht automatisch mit der Dynamik von Entwicklungsvorgängen in Einklang zu bringen ist. Die folgenden Absätze beschreiben, dass sich beide Begriffe im Drei-Ebenen-Modell der Definition von Persönlichkeit von McAdams (2006) leichter verbinden lassen.

Auf der Ebene der Traits wird per Definition von stabilen Merkmalsmustern ausgegangen. Entsprechend wird in der persönlichkeitspsychologischen Trait-Forschung auf die strukturelle Erfassung und Beschreibung von Merkmalsmustern, ebenso wie auf Untersuchungen zur Stabilität fokussiert. Das mag daran liegen, dass die frühen prägenden Theorien der Persönlichkeitspsychologie davon ausgingen, dass die Persönlichkeit vor allem in der Kindheit geformt wird (z.B. Freud, Jung, Allport, Murray, Cattell, Skinner, Bandura). Auf diesem Hintergrund wird verständlich, dass die korrekte Erfassung der erwachsenen Persönlichkeit Vorrang vor den Fragen nach Veränderbarkeit oder Entwicklung hatte. Mittlerweile konnte allerdings aufgezeigt werden, dass eine wirklich hohe Stabilität sozial-emotionaler Persönlichkeitsmerkmale erst im höheren Erwachsenenalter erreicht wird. Roberts und DelVecchio (2000) wiesen in einer Metaanalyse über 152 Längsschnittstudien überzeugend nach, dass die Stabilität sozial-emotionaler Persönlichkeitseigenschaften bis zum Alter von 50 Jahren diskontinuierlich anwächst und erst dann ein sehr hohes Niveau erreicht. Das bedeutet, dass der Formungsprozess von Traits nicht nur im Kindes- und Jugendalter, sondern auch noch maßgeblich im frühen Erwachsenenalter stattfindet. Damit wird auch für die Trait-Forschung das Interesse an Persönlichkeitsentwicklung im normativen Sinne größer (Asendorpf, 2004; McCrae et al., 2000).

Auf der Ebene der charakteristischen Anpassungen wird untersucht, wie sich Personen auf die unterschiedlichen Anforderungen des Lebens einstellen können. Das beinhaltet per Definition die Beschäftigung mit dynamischen Prozessen. Charakteristische Anpassungen oder Anpassungsstrategien sind keine generalisierten, sondern kontextabhängige Verhaltenstendenzen. Kontextabhängig lassen sich viele wichtige Fragen der Persönlichkeitspsychologie leichter beantworten als auf der Ebene generalisierter Muster. Solche Fragen sind beispielsweise: Was treibt Menschen an? Was energetisiert Menschen? Wie entwickeln Menschen Pläne und Ziele? Wie gehen Menschen mit den Herausforderungen des Lebens um? Welche Entwicklungsaufgaben erwarten Menschen in den unterschiedlichen Phasen ihres Lebens? McAdams (2006) geht davon aus, dass Antworten auf diese Fragen zwar auch von Traits abhängen, diese aber nur ein grobes Schema vorgeben. Die detaillierteren Antworten lassen sich auf der Ebene der charakteristischen Adaptationen finden und können unterschiedlich sein in Abhängigkeit von Zeitpunkt, Ort oder sozialer Rolle. Unterschiedliche Richtungen innerhalb der Psychologie haben sich mit kontextabhängigen Verhaltenstendenzen und ihrer Veränderung oder Entwicklung beschäftigt. Zum Beispiel lassen sich theoretische Ansätze, die sich mit der *Motivation* menschlichen Verhaltens (Deci & Ryan, 1985, 2002; Horowitz, 2004; Maslow, 1970) von den Ansätzen unterscheiden, die sich mit *Entwicklungsprozessen des Selbst oder der Identität* (z.b. Erikson, 1963; Loevinger, 1976) auseinandersetzen.

Eine weitere Ebene erschließt sich bei der Betrachtung von Persönlichkeitsentwicklung, wenn versucht wird „die Gestalt", „das verbindende Element" oder „das Drehbuch" der Entwicklungsprozesse kennen zu lernen. Auf der von McAdams eingeführten dritten Ebene zum Verständnis von Persönlichkeit – die der Lebensgeschichten – finden sich dazu viele Antworten. Menschen entwickeln sich, ihr Selbst und ihre Identität, indem sie ihrem Leben einen Sinn verleihen. Die Erfahrungen, die Menschen mit sich und anderen machen, die je nach Zeit und Situation unterschiedlichen Selbst- und Fremdwahrnehmungen, brauchen eine einheitliche und sinnvolle Organisationsform. Zunehmend setzt sich in modernen Persönlichkeitstheorien die Ansicht durch, dass die wesentliche Organisationsform des Selbst oder der Identität der Ausdruck kulturell bedeutender Geschichten („Narrationen") ist (Bruner, 1990; White, 1990). Giddens (1991) spricht für diese Richtung, indem er betont: „A person´s identity is not to be found in behavior, nor – important through this is – in the reactions of others, but in the capacity to keep a particular narrative going." (p.54)

Der wesentliche Aspekt für das Verständnis von Persönlichkeitsentwicklung auf dieser Ebene ist die Frage, wie Lebensgeschichten entstehen und wie sie sich über die Zeit entwickeln. Lebensgeschichten entstehen nicht einfach als objektiver Bericht über die Vergangenheit. Auch wenn sie auf der Realität gründen, sind sie phantasievolle und kreative Produkte, die wir alle konstruieren und rekonstruieren während wir unsere Identität stabilisieren und unsere Persönlichkeit entwickeln (Bruner, 1999; Gergen, 1999; McAdams, 1996; White, 1995). Hier wird der kreative Akt des Einzelnen besonders deutlich. Das bedeutet auch, dass auf der Ebene der Lebensgeschichten Veränderungs- und Entwicklungsprozesse besonders leicht selbst und fremd zu induzieren sind. Betont werden soll an dieser Stelle noch, dass Lebensgeschichten als soziale Konstruktionen (Gergen, 1999) in interaktiven Prozessen entstehen. Der Einzelne konstruiert seine Geschichten in Ko-Konstruktion (Schmidt, 2003), also in Auseinandersetzung mit sich selbst, mit anderen oder mit seinem kulturellen Hintergrund.

Als Fazit lässt sich zusammenfassen, dass unter Persönlichkeitsentwicklung durchschnittliche und differentielle Entwicklung verstanden wird. Auch wenn einige Vertreter der Persönlichkeitspsychologie für eine ausschließliche Beschäftigung mit differentiellen Entwicklungsprozessen plädieren (Asendorpf, 2004), erscheint diese Abgrenzung nicht sinnvoll und spiegelt auch nicht die Realität innerhalb der Persönlichkeitspsychologie wider. Persönlichkeitsentwicklung im Sinne dieser Arbeit beschreibt sowohl durchschnittliche, alterstypische Formung der Persönlichkeit, als auch differentielle Entwicklungswege, also individuelle Besonderheiten bei der Persönlichkeitsentwicklung. Dem Verständnis von Persönlichkeitsentwicklung kann man sich auf den drei Ebenen von McAdams Persönlichkeitsmodell unterschiedlich nähern. Auf der Trait-Ebene wird Persönlichkeitsentwicklung sehr statisch verstanden. Der Fokus liegt vorrangig auf der Identifikation von Merkmalsmustern und der Erfassung von deren Stabilität. Persönlichkeitsentwicklung bedeutet in diesem Kontext entweder zunehmende Stabilisierung von Merkmalsmustern oder eine Veränderung der Merkmalsmuster in Richtung der Norm – im Sinne nachholender oder aufholender Entwicklung. Auf der Ebene der charakteristischen Adaptationen wird Persönlichkeitsentwicklung wesentlich prozessorientierter interpretiert. Anhand von Prozessen, die sich aus unterschiedlicher Perspektive (z.B. motivationale Sicht) beschreiben lassen, entwickelt sich Persönlichkeit. Auf der Ebene der Lebensgeschichten („Narrationen") schließlich wird Persönlichkeitsentwicklung als fluktuierender, andauernder Prozess der Konstruktion, De- und Rekonstruktion von Geschichten interpretiert.

2.3 Wie lässt sich Persönlichkeitsentwicklung im frühen Erwachsenenalter darstellen?

Nachdem nun das Konzept der Persönlichkeitsentwicklung näher beleuchtet wurde, werden in diesem Kapitel Theorien und Modelle vorgestellt, die sich mit Persönlichkeitsentwicklung über die Lebensspanne und insbesondere mit Entwicklungsprozessen im frühen Erwachsenenalter beschäftigen.

In den frühen psychologischen Theorien und Modellvorstellungen zur Entwicklung von Persönlichkeit, die sich Ende des 19. und in der ersten Hälfte des 20. Jahrhunderts auszuprägen begannen, wurde davon ausgegangen, dass die Persönlichkeitsentwicklung mit der Adoleszenz abgeschlossen ist (z.B. Freud, Jung, Adler, Allport, Murray, Skinner; vgl. bei Asendorpf, 2004; Schneewind, 1996a, 1996b). Die meisten Theoretiker nahmen an, dass im Säuglingsalter, der Kindheit und der Jugend schnelle Veränderungen der Persönlichkeit stattfinden, das Erwachsenalter aber eine stabile Phase darstellt (Berk, 2005).

Durch den Anstieg durchschnittlicher Lebenserwartung mit sich verändernden Merkmalen der Menschen einerseits und durch zunehmende empirische Forschung der Persönlichkeitsentwicklung andererseits, hat sich in der zweiten Hälfte des 20. Jahrhunderts sowohl in der Persönlichkeitspsychologie als auch in der Entwicklungspsychologie das Paradigma einer die Lebensspanne umfassenden Entwicklung durchgesetzt (vgl. für einen Überblick: Baltes, 1990; Brandtstädter, 1990). Für dieses Paradigma sind die Begriffe „life-span developmental psychology" (Goulet & Baltes, 1970), „Entwicklungspsychologie der Lebensspanne" (Oerter & Montada, 2002) oder „Lebensspannenperspektive" (Berk, 2005) gängig. Es ist charakteristisch für die Lebensspannenperspektive, dass von keiner Altersstufe die entscheidende Prägung für den Lebenslauf angenommen wird.

In jedem der hauptsächlichen Lebensabschnitte der menschlichen Entwicklung, die die Lebensspannenperspektive annimmt (vgl. Tabelle 2), laufen Prozesse ab, die einen starken Einfluss auf zukünftige Veränderungen haben können (Berk, 2005).

Tabelle 2:   *Die wichtigsten Lebensabschnitte der menschlichen Entwicklung aus Sicht der Lebensspannenperspektive (Teil einer Tabelle, entnommen aus Berk 2005, S. 9)*

Lebensabschnitte der menschlichen Entwicklung	
Zeitabschnitt	Ungefähres Alter
Pränatal	Empfängnis bis Geburt
Säuglings- und Krabbelalter	Geburt – 2 Jahre
Frühe Kindheit	2 – 6 Jahre
Mittlere Kindheit	6 – 11 Jahre
Adoleszenz	11 – 21 Jahre
Frühes Erwachsenenalter	21 – 40 Jahre
Mittleres Erwachsenenalter	40 – 65 Jahre
Spätes Erwachsenenalter	65 – Tod

Eine Spezifizierung der Lebensspannenperspektive haben Smith und Baltes (1999) vorgenommen, indem sie dieser vier Annahmen zugrunde gelegt haben: (1) Entwicklung ist ein lebenslanger Prozess, (2) Entwicklung ist mehrdimensional und geht in verschiedene Richtungen, (3) Entwicklung ist plastisch (d.h. individuelle Veränderungsmöglichkeiten sind groß) und (4) Entwicklung wird eingebettet in unterschiedliche Entwicklungskontexte.

In diese Richtung geht Schneewind (2004), wenn er von der „allmählichen Verfertigung der Persönlichkeit beim Leben" spricht und damit von einem lebenslangen Prozess der Persönlichkeitsentwicklung ausgeht. Insgesamt hat sich somit die wissenschaftliche Beschäftigung mit Persönlichkeitsentwicklung von der Entwicklung von Kindern und Jugendlichen hin zu Entwicklungsprozessen über das gesamte Leben hinweg verschoben und rückt das Erwachsenenalter stärker in den Vordergrund.

Bevor die Theorien und Modelle der Persönlichkeitspsychologie vorgestellt werden, die Entwicklungsprozesse im frühen Erwachsenenalter erklären können, muss zunächst der Zeitabschnitt des frühen Erwachsenenalters definiert werden. Noch vor nicht allzu langer Zeit haben Lehrbücher das frühe Erwachsenenalter in der dritten Lebensdekade angesiedelt (Olbrich, 1982). Menschen über 30 Jahre befanden sich somit im mittleren Erwachsenenalter und über 50 Jahre begann der Definition nach das späte Erwachsenenalter. Moderne entwicklungs- oder persönlichkeitspsychologische Ansätze unterteilen das Erwachsenenalter ebenfalls in drei Phasen, dehnen aber die Definition für das frühe Erwachsenenalter auf die dritte und vierte Lebensdekade aus (vgl. Tabelle 2; Berk, 2005). Das mittlere Erwachsenenalter umfasst demnach die Zeit zwischen 40 und 65 Jahren, woran sich das späte Erwachsenenalter anschließt. Untersuchungen über subjektive Annahmen zur Strukturierung der Lebensspanne (Harris, Page & Begay, 1988) haben schon vor 20 Jahren gezeigt, dass Menschen den Beginn des mittleren Erwachsenenalters ungefähr ab dem 40. Lebensjahr ansiedeln. Diese Einstellungen lassen sich aus dem Anstieg der durchschnittlichen Lebenserwartung erklären. Ebenso wie in den modernen theoretischen Ansätzen der Entwicklungs- und Persönlichkeitspsychologie wird in dieser Arbeit von einer Zeitspanne zwischen dem 20. und 40. Lebensjahr für das frühe Erwachsenenalter ausgegangen.

Welche psychologischen Ansätze und Modelle haben nun Erklärungscharakter für die in dieser Arbeit relevanten Persönlichkeitsentwicklungsprozesse im frühen Erwachsenenalter? Wege zur Persönlichen Autorität sollen als emotionale und soziale Prozesse dargestellt werden; daher werden im Folgenden zunächst psychosoziale Modelle vorgestellt. Dabei ist vor allem die Theorie Eriksons (1963; 1964; 1968) zu nennen, die die Forschung über Persönlichkeitsentwicklung im Erwachsenenalter entscheidend geprägt hat. Aufbauend auf seinem Ansatz haben Levinson (1978; 1986) und Vaillant (1977; 2002) weitere Theorien psychosozialer Entwicklung im Erwachsenenalter vorgestellt.

Ein wichtiger Aspekt dieser Arbeit ist auch die Frage, was die psychosozialen Persönlichkeitsentwicklungsprozesse junger Frauen auslöst bzw. wo die Energetisierung, der Motor, die Motivation für Erwachsenenentwicklung gesehen werden kann. Aus diesem Grund werden Modelle der Motivation menschlichen Verhaltens vorgestellt. Begonnen wird mit der Selbstbestimmungstheorie von Deci und Ryan (1985; 1991; 2002). Anschließend wird der – eher psychopathologische – interpersonale Motivationsansatz von Horowitz (2004) vorgestellt. Auf die Darstellung der „Klassiker" der Motivationstheorie Maslow (1970) und Rogers (1951) wird in dieser Arbeit verzichtet.

Anschließend wird das Modell der Entwicklung Persönlicher Autorität im Herkunftsfamiliensystem von Williamson (1991) vorgestellt, das ebenso wie der interpersonale Ansatz eher aus einer psychopathologischen Perspektive entstanden ist. In diesem Modell wird psychosoziale ebenso wie motivationale Entwicklung berücksichtigt. Darüber hinaus führt Williamson als entscheidende Entwicklungsaufgabe des vierten Lebensjahrzehnts die Entwicklung Persönlicher Autorität im Herkunftsfamiliensystem ein, auf dessen Basis die Integration widerstreitender Gefühle gelingen kann. Damit stellt er weniger einen klassisch entwicklungspsychologischen Ansatz, sondern eher einen veränderungsorientierten Ansatz zur Verfügung und bildet den wesentlichen Hintergrund für die Beantwortung der dieser Arbeit zugrundeliegenden Fragestellung.

2.3.1 Modelle psychosozialer Entwicklung

Die folgenden Modelle von Erikson, Levinson und Vaillant, sind im Bezug auf das Drei-Ebenen-Modell von McAdams (2006) auf der zweiten Ebene der charakteristischen Adaptationen anzusiedeln.

2.3.1.1 Eriksons Theorie

Die Theorie der psychosozialen Entwicklung von Erikson (1963; 1964; 1968) steht in der Tradition der klassischen Psychoanalyse Freuds. Aufgrund der Betonung der Anpassungs- und Weiterentwicklungsfähigkeit des Ichs in seiner Theorie, wird Erikson als einer der maßgeblichen Vertreter der Ich-Psychologie (Erikson, 1963; Kohut, 1971) angesehen, die eine Weiterentwicklung der Psychoanalyse im Bezug auf die Ich-Funktionen darstellt. Erikson entwickelte parallel zu Freuds psychosexuellen Stadien eine Stufentheorie psychosozialer Entwicklung und erweiterte die Stadien über die Adoleszenz hinaus auf die gesamte Lebensspanne. In seinem Modell identifizierte er acht Stadien menschlicher Entwicklung. In jedem Stadium führen Veränderungen des Individuums und Veränderungen seiner sozial- und kulturbedingten Lebenssituation zu einem grundlegenden Konflikt, der das Stadium definiert. Der Umgang mit diesem grundlegenden psychischen Konflikt in jeder einzelnen Phase entscheidet, ob die Lösung eine gesunde oder eine schwierige Anpassung erlaubt. Erikson´s Entwicklungsmodell ist epigenetisch angelegt; d.h., die Auflösung des jeweiligen Konflikts ist abhängig vom Ausgang des vorhergehenden Konflikts (McCrae & Costa, 1990). Dennoch ist sein Ansatz im Unterschied zu den meisten der in psychoanalytischer Tradition stehenden Theoretiker eher optimistisch bezüglich des menschlichen Entwicklungspotentials. Erikson (1963) betonte, dass die Persönlichkeit nicht nur ein Produkt der frühen Kindheitsentwicklung ist, sondern, dass das Ich in jeder Stufe seiner Entwicklung Einstellungen und Fähigkeiten erwirbt, die das Individuum psychisch und sozial reifen lassen. Tabelle 3 fasst die acht Phasen, die zugeordneten grundlegenden Konflikte und die vergleichbaren psychosexuellen Stadien Freuds zusammen.

Tabelle 3:   *Eriksons Phasen der psychosozialen Entwicklung zusammen mit den parallel laufenden psychosexuellen Phasen Freuds*

Eriksons Phasen der psychosozialen Entwicklung		
Phase	Konfliktphase	psychosexuelle Stadien Freuds
Geburt – 1 Jahr	Urvertrauen versus Misstrauen	Oral
1 – 3 Jahre	Autonomie versus Scham und Selbstzweifel	Anal
3 – 6 Jahre	Initiative versus Schuld	Phallisch
6 – 11 Jahre	Fleiß versus Minderwertigkeit	Latenz
Adoleszenz	Identität versus Rollendiffusion	Genital
Frühes Erwachsenenalter	Intimität versus Isolierung	
Mittleres Erwachsenenalter	Generativität versus Stagnation	
Alter	Ich-Integrität versus Verzweiflung	

Im Erwachsenenalter werden drei Entwicklungsstadien identifiziert (Erikson, 1964). Da sich das Thema der vorliegenden Arbeit auf das frühe Erwachsenenalter beschränkt, wird das entsprechende Stadium genauer erläutert. Der psychische Konflikt des frühen Erwachsenenalters besteht in „Intimität versus Isolierung". Das bedeutet vor allem, dass die Gedanken und Gefühle des jungen Erwachsenen bezüglich seiner möglichen dauerhaften Verpflichtung einem Partner oder potentiellen Kindern gegenüber Ambivalenzen aufweisen. Es wirken einerseits Kräfte erreichter Unabhängigkeit, andererseits zunehmend Wünsche nach Intimität zu einem Partner. Diese Kräfte aus-zubalancieren, erfordert ein gewisses Maß an Reife (Berk, 2005). Es wird da-von ausgegangen, dass der junge Erwachsene ein Gefühl der Unabhängigkeit erreicht haben muss, um Selbstrespekt sowie Eigeninitiative zu entwickeln und sich nicht nur anhand seines Partners zu definieren. Gleichzeitig ist aber auch das Ausprobieren von Nähe und Intimität ein wesentliches Spielfeld der Persönlichkeitsentwicklung, ohne das der grundlegende Konflikt des frühen Erwachsenenalters in Einsamkeit und Selbstbezogenheit mündet (Erikson, 1964; 1968).

Anhand dieser Kurzbeschreibung der Phase des frühen Erwachsenenalters wird deutlich, dass Eriksons Modell einen wichtigen Beitrag zur Erklärung des eingangs beschriebenen Phänomens liefert. Auch für die jungen Frauen aus den in der Einleitung genannten Beispielen stellt es die größte Herausfor-derung im aktuellen Leben dar, eine befriedigende enge Beziehung aufzubau-en. So liegt, in Anwendung von Eriksons Modell, die Antwort auf die Frage nach Auflösung der Ambivalenzen, nach der Sinnsuche im Leben des frühen Erwachsenenalters, in der Fähigkeit, wirkliche Intimität leben zu können. Da-für ist es notwendig, Teile einer erreichten Unabhängigkeit wieder auf-zugeben (oder ein Gefühl von Unabhängigkeit wirklich zu entwickeln, um dieses dann relativieren zu können) und die eigene Identität neu zu definieren, um Vorstellungen und Interessen zweier Menschen miteinander in Einklang bringen zu können.

Eriksons Ansatz hat die Forschung zur Persönlichkeitsentwicklung im Er-wachsenenalter entscheidend vorangetrieben (McAdams, 2006). Seine Sicht-weise beeinflusst alle modernen Modelle zur Erwachsenenentwicklung (McCrae & Costa, 1990). Allerdings gibt Eriksons Theorie nur einen recht groben Abriss der Persönlichkeitsentwicklung im Erwachsenenalter (Berk, 2005). Andere Theoretiker (Levinson, 1978, 1986; Vaillant, 1977, 2002) er-weiterten und modifizierten seinen Ansatz und gestalteten ihn flexibler.

2.3.1.2 Levinsons Theorie

Das – auch durch die *Lebensspannenperspektive* ausgelöste – zunehmende Interesse an der Persönlichkeitsentwicklung im Erwachsenenalter führte Ende der 1970er Jahre vor allem in den USA dazu, dass einige Werke über die aka-demische Diskussion hinaus weite Verbreitung fanden [z.B. *The Seasons of a Man's Life* von Levinson (1978) und *Adaptation to Life* von Vaillant (1977)]. Levinsons Ansatz (1978; 1996) – einer der einflussreichsten zur Erwachse-nenentwicklung (McCrae & Costa, 1990) – fragt nach einer grundsätzlichen Ordnung innerhalb der menschlichen Lebensspanne. Wie auch Erikson, ver-steht Levinson die menschliche Entwicklung als eine Abfolge qualitativ un-terschiedlicher Lebensabschnitte, in denen das Individuum durch die Konfrontation mit der eigenen Biologie oder der sozialen Umgebung immer neue psychische Herausforderungen zu bestehen hat. Diese *Lebensstruktur* – den Schlüsselbegriff in seiner Theorie – definiert Levinson (1986) folgendermaßen:

> *The key concept to emerge from my research is the life structure: the underlying pattern or design of a person's life at a given time. It is the pillar of my conception of adult development. (p. 6)*

Die Lebensstruktur stellt den zugrunde liegenden Lebensentwurf, die Lebensweise eines Menschen dar. Levinson verdeutlicht sein Konzept der Lebensstruktur, indem er es von der Persönlichkeitsstruktur eines Menschen abgrenzt. Die Persönlichkeitsstruktur erfasse Konzepte auf die Frage: „Was für eine Person bin ich?", während die Lebensstruktur Antworten auf die Frage: „Wie verläuft mein Leben im Moment?" konzeptualisiere. Dabei gilt es die Aspekte zu identifizieren, die im aktuellen Leben subjektiv die größte Bedeutung haben und sie in Bezug zueinander zu setzen. Im Zentrum der Lebensstruktur stehen die Beziehungen, die der Betreffende zu signifikanten anderen hat (Individuen, Gruppen und Institutionen).

Persönlichkeitspsychologen, die sich eher mit Traits beschäftigen, setzen bei der Unterscheidung zwischen Persönlichkeitsstruktur und Lebensstruktur mit der Kritik an Levinsons Ansatz an. McCrae und Costa (1990) beispielsweise bezweifeln, ob die Entwicklung einer Lebensstruktur das Fundament einer Theorie der Persönlichkeitsentwicklung im Erwachsenenalter sein kann. Für sie wird Persönlichkeitsentwicklung im Erwachsenenalter durch die Entwicklung der Persönlichkeitsstruktur repräsentiert. Bezugnehmend auf McAdams Drei-Ebenen-Modell der Persönlichkeit, lässt sich Levinsons Konzept als Theorie zur Persönlichkeitsentwicklung auf der Ebene der charakteristischen Adaptationen und zusätzlich auf der Ebene der Narrationen verstehen.

Levinsons Forschung basiert auf 10- bis 20-stündigen biographischen Interviews mit 40 Männern zwischen 35 und 45 Jahren aus 4 verschiedenen beruflichen Kontexten: Arbeiter, leitende Angestellte, Biologen und Romanautoren (Levinson, 1978). Später interviewte er zusätzlich 54 Frauen, auch diese im Alter von 35 bis 45 Jahren, aus 3 verschiedenen Berufssparten: Hausfrauen, leitende Angestellte und Universitätsdozentinnen (Levinson, 1996). In den ausführlichen Berichten dieser Menschen begannen Levinson und seine Mitarbeiter Muster zu entdecken, die darauf hindeuteten, dass die Lebensstruktur weniger durch externe Lebensereignisse (wie Heirat, Elternschaft, Karriereentwicklung, Krankheit, etc.) sondern eher durch eine universelle, dem Alter zugeordnete Abfolge von Stadien geprägt wird. Beim Umgang mit den, dem jeweiligen Stadium zugeordneten Entwicklungsaufgaben, lassen sich Geschlechtsunterschiede berichten (Levinson, 1996; Roberts & Newton, 1987).

Diese Lebensstruktur lässt sich als grobes Raster in vier oder fünf Abschnitte einteilen (Kindheit, frühes, mittleres und spätes Erwachsenenalter, möglicherweise ein sehr spätes Erwachsenenalter). In der Konzeption des Erwachsenenalters (vgl. Abbildung 2) beginnt jede dieser Lebensabschnitte mit einer Übergangsphase, die etwa fünf Jahre andauert. Die Übergangsphase schließt den vorangegangenen Zeitraum ab und bereitet das Individuum auf den folgenden Lebensabschnitt vor. Jeder Lebensabschnitt lässt sich dann wiederum untergliedern in zwei stabile Perioden, die etwa fünf bis sieben Jahre andauern und eine weitere diese unterbrechende fünfjährige Übergangsphase.

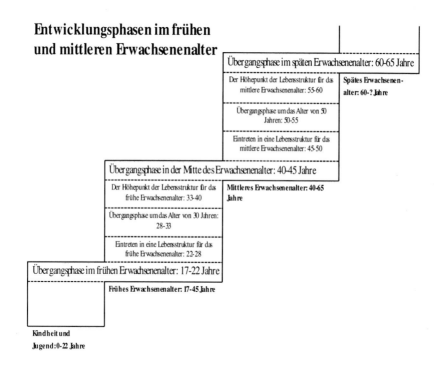

Entwicklungsphasen im frühen und mittleren Erwachsenenalter

Übergangsphase im späten Erwachsenenalter: 60-65 Jahre

| Der Höhepunkt der Lebensstruktur für das mittlere Erwachsenenalter: 55-60 | **Spätes Erwachsenenalter: 60-? Jahre** |

Übergangsphase um das Alter von 50 Jahren: 50-55

Eintreten in eine Lebensstruktur für das mittlere Erwachsenenalter: 45-50

Übergangsphase in der Mitte des Erwachsenenalter: 40-45 Jahre

| Der Höhepunkt der Lebensstruktur für das frühe Erwachsenenalter: 33-40 | **Mittleres Erwachsenenalter: 40-65 Jahre** |

Übergangsphase um das Alter von 30 Jahren: 28-33

Eintreten in eine Lebensstruktur für das frühe Erwachsenenalter: 22-28

Übergangsphase im frühen Erwachsenenalter: 17-22 Jahre

Frühes Erwachsenenalter: 17-45 Jahre

Kindheit und Jugend: 0-22 Jahre

Abbildung 2: Levinsons Entwicklungsphasen des frühen und mittleren Erwachsenenalters (aus Levinson, 1986, p. 8; übersetzt von der Autorin)

Levinson und seine Mitarbeiter fanden als Lebensstruktur also eine Sequenz alternierender Phasen und Übergänge. In den stabilen Phasen entstehen Lebensweisen, die es ermöglichen, dass innere persönliche und äußere gesellschaftliche Anforderungen aufeinander abgestimmt werden können (structure-building). In diesen Phasen müssen zentrale Entscheidungen getroffen werden, die wiederum zu bestimmten Strukturen führen, innerhalb derer das Individuum seine Werte und Ziele verfolgen kann. Selbst wenn es dem Einzelnen gelingt, eine solche Struktur zu erschaffen, verläuft sein Leben nicht notwendigerweise in ruhigen Bahnen. Die Entwicklungsaufgabe der Stukturbildung kann recht stressreich sein und möglicherweise findet der Einzelne das Ergebnis nicht so befriedigend wie erhofft. Wenn das Individuum nach einer Weile dann die gegenwärtige Lebensstruktur in Frage stellt, führt dies zu einer neuen Übergangsphase (structure-changing). Die Hauptaufgabe in den Übergangsphasen besteht darin, die existierende Struktur in Frage zu stellen, Veränderungsmöglichkeiten für das Selbst und die äußere Welt zu erkunden und so verbindlich zu entscheiden, dass die Basis für eine neue Lebensstruktur geschaffen werden kann. Levinson (1986) betont: „Almost half our adult lives is spent in developmental transitions. No life structure is permanent – periodic change is given in the nature of our existence" (p. 7).

Was haben Levinson und seine Mitarbeiter nun speziell für die Phasen und Übergänge des frühen Erwachsenenalters herausgefunden? Und konnten sie dabei Unterschiede zwischen männlichen und weiblichen Lebensstrukturen finden? Berk (2005) fasst zusammen, dass sich das frühe Erwachsenenalter als der Lebensabschnitt der größten Energie und Fülle aber auch des größten Widerspruchs und Stresses beschreiben lässt. Im Einzelnen konnten Levinson und seine Mitarbeiter (1978; 1996) folgende Charakteristika für das junge Erwachsenenalter herausfiltern.

Übergangsphase im frühen Erwachsenenalter (17 – 22 Jahre)

Während dieser Transition, in der der Jugendliche auf das Erwachsenendasein vorbereitet wird, konstruieren die meisten Menschen ein visionäres Bild von sich selbst in der Erwachsenenwelt, nach dem sie ihre Entscheidungen ausrichten. Je klarer dieses Bild konzipiert ist, desto zielorientierter können sie ihre Lebensstruktur aufbauen. Der Unterschied zwischen Männern und Frauen während dieses Übergangs besteht darin, dass die Visionen von Männern zumeist von beruflichen Leistungen handeln und individualistisch sind. Die Bilder, die Frauen für sich entwerfen, sind oft aufgeteilt in Träume von Berufstätigkeit und Ehe oder Familie. Außerdem besteht die Tendenz, dass sich Frauen in ihren Träumen anhand der Beziehungen zu wichtigen Anderen definieren.

Eintreten in eine Lebensstruktur für das frühe Erwachsenenalter
(22 – 28 Jahre)

In der ersten Phase des frühen Erwachsenenalters entwickeln Männer wie Frauen häufig Beziehungen zu einem Mentor, der oder die sie bei der Umsetzung ihrer Träume unterstützt. Männer, die einen hohen beruflichen Status anstreben, verbringen diese Jahre dann tatsächlich damit, die entsprechenden beruflichen Qualifikationen zu erwerben. Auch Frauen weisen diese Lebensstruktur in ihren Zwanzigern auf, bei vielen allerdings erstreckt sich die berufliche Entwicklung bis in das mittlere Erwachsenenalter hinein.

Übergangsphase um die 30

In dieser Übergangsphase mischen junge Menschen die Karten in der Regel neu, was Karriere und Privatleben angeht. Wer bis dato vor allem mit Beruf, Aus- oder Fortbildung beschäftigt war und Beziehungen vernachlässigt hat oder sie gar nicht erst eingegangen ist, konzentriert sich nun verstärkt auf Partnersuche oder Partnerschaft. Dabei haben Männer und Frauen zwar das gleiche Ziel, ihr Weg dorthin unterscheidet sich jedoch. Männer, denen bislang die Karriere sehr wichtig war, verfolgen diese auch weiterhin und ergänzen ihr Leben einfach durch das „Projekt Familie". Frauen, die bislang für die Karriere lebten, kehren ihre Prioritäten dagegen in dieser Phase bisweilen sogar um. Frauen, die bereits eine Ehe eingegangen oder Mütter geworden sind, entwickeln nun zunehmend sehr persönliche Ziele und erwarten dafür Anerkennung von ihren Männern. Durch das Infragestellen des bisher Erreichten wird diese Zeit konfliktreich oder instabil. Für diejenigen, die bis dahin weder beruflich noch privat das erreicht haben, was sie sich erträumt oder gewünscht haben, kann diese Zeit sogar zur Krise führen. Wobei Konflikte, Instabilität oder Krisen gerade in dieser Aufbruchphase der eigentliche Motor für Veränderungen sind.

*Höhepunkt der Lebensstruktur für das frühe Erwachsenenalter
(33 – 40 Jahre)*

Männer sind auf dem Weg zum Höhepunkt der Lebensstruktur des frühen Erwachsenenalters selektiver als Frauen. Sie konzentrieren sich auf bestimmte Ziele und Beziehungen und vernachlässigen gleichzeitig andere. Viele Frauen dagegen versuchen weiterhin einen Spagat zwischen Beruf, Familie und Freunden. Im Gegensatz zu den Männern, die in den Dreißigern berufliche und private Verantwortung typischerweise konsolidiert haben, dauert es deshalb bei vielen Frauen bis ins mittlere Erwachsenenalter, um diese Stabilität zu erreichen (Levinson, 1978; 1996).

Trotz der Tatsache, dass Levinson, der für sich in Anspruch nimmt, ein empirisch fundiertes Modell vorzulegen, nur eine Stichprobe von knapp 100 Individuen untersucht (allerdings anhand sehr ausführlicher Interviews), bietet sein Ansatz für die Fragestellung dieser Arbeit einen wichtigen Hintergrund. Erstens, weil sich Levinson sehr ausführlich mit dem frühen Erwachsenenalter auseinandersetzt, welches Thema dieser Arbeit ist. Zweitens, weil die von Levinson konzipierte Transition um die 30 Jahre eine gute Erklärung für die Motivation und die Energetisierung der Frauen der Stichprobe (die im Mittel 31 Jahre alt sind) liefern kann, aufgrund möglicher Ambivalenzen (nach Levinson: Neueinschätzung ihrer Lebensstruktur) sich mit sich selbst und ihrer Position im Herkunftsfamiliensystem auseinander zu setzen. Und schließlich drittens, weil Levinson gezielt Männer von Frauen unterscheidet und einen Ansatz zur Interpretation weiblicher Biographien vorlegt.

2.3.1.3 Vaillants Theorie

Vaillant (1977) zieht für seine Untersuchung knapp 250 in den zwanziger Jahren des vergangenen Jahrhunderts geborene Männer heran. Zu Beginn der Studie, in der Nachkriegszeit, sind sie Studenten einer exklusiven Kunstakademie. Während dieser Zeit werden sie von Vaillant das erste Mal ausführlich interviewt. Über die Jahre (mit 47, 60 und 70 Jahren) folgen weitere Interviews über Beruf, Familie und körperliche sowie geistige Verfassung. Außerdem bekommen sie in jedem Lebensjahrzehnt nach Beginn der Studie ausführliche Fragebögen zugeschickt. So zieht sich die Studie letztlich über ihre gesamte Lebensspanne hin.

Vaillant und Levinson stimmen in ihren Untersuchungen darin überein, dass die Beziehungsqualität zu wichtigen Menschen letztlich den Lebensverlauf maßgeblich bestimmt. Vaillant bestätigt und ergänzt durch seine Studien auch Erikson: Männer verändern sich und ihr soziales Umfeld, um sich an das Leben anzupassen. In ihren Zwanzigern widmen sie sich verstärkt Nähe und Intimität, in den Dreißigern der Konsolidierung im Beruf, in den Vierzigern – nach beruflicher Absicherung – rücken Familie, Kinder oder Mentorenschaft stärker in den Vordergrund. In den beiden darauf folgenden Jahrzehnten werden sie zu Bewahrern gesellschaftlicher und kultureller Sinnstrukturen, danach beschäftigen sie sich mit dem Sinn des Lebens und seiner Endlichkeit. Vaillant hat für seine Studie später auch eine Stichprobe von Frauen mit guter Schulbildung herangezogen. Aus den Ergebnissen dieser Stichprobe lässt sich schlussfolgern, dass Frauen eine ähnliche Reihe von Veränderungen durchleben, wie eben für die Männer geschildert (Vaillant, 2002). Tabelle 4 fasst stichpunktartig die vorgestellten Modelle psychosozialer Entwicklung im Erwachsenenalter zusammen.

Tabelle 4:   *Stadien der psychosozialen Entwicklung im Erwachsenenalter (aus: Berk, 2005, S. 620)*

Entwicklungsperiode	Erikson	Levinson	Vaillant
Frühes Erwachsenenalter (20-40 Jahre)	Intimität versus Isolation	Übergangsphase im frühen Erwachsenenalter: 17-22 Jahre	Intimität und Nähe
		Eintreten in eine Lebensstruktur für das frühe Erwachsenenalter: 22-28 Jahre	
		Übergangsphase um das Alter von 30 Jahren: 28-33 Jahre	Konsolidierung der beruflichen Karriere
		Der Höhepunkt der Lebensstruktur für das frühe Erwachsenenalter: 33-40 Jahre	
Mittleres Erwachsenenalter (40-65 Jahre)	Generativität versus Stagnierung	Übergangsphase in der Mitte des Erwachsenenalter: 40-45 Jahre	Generativität
		Eintreten in eine Lebensstruktur für das mittlere Erwachsenenalter: 45-50 Jahre	
		Übergangsphase um das Alter von 50 Jahren (50-55 Jahre)	Das Aufrechterhalten von Sinnstrukturen
		Der Höhepunkt der Lebensstruktur für das mittlere Erwachsenenalter (55-60 Jahre)	
Alter (65 Jahre-Tod)	Ich-Integrität versus Verzweiflung	Übergangsphase im späten Erwachsenenalter (60-65 Jahre)	Ich-Integrität
		Spätes Erwachsenenalter (65 Jahre bis zum Tod)	

Zusammenfassend lässt sich sagen, dass bei den hier vorgestellten Theoretikern psychosozialer Entwicklung ein bemerkenswerter Konsens bei der Betrachtung der Entwicklung im Erwachsenenalter besteht. Insbesondere die Differenzierungen der Lebensstruktur von Levinson bilden einen wichtigen theoretischen Hintergrund für die Interpretationen der Daten dieser Arbeit. Aufgrund der Tatsache jedoch, dass die Schlussfolgerungen der Modelle auf geringen Fallzahlen und auf Interviews mit Menschen basieren, die Anfang des vergangenen Jahrhunderts geboren wurden, lassen sich die identifizierten Muster möglicherweise nur eingeschränkt auf die heutige Generation junger Erwachsener anwenden. Außerdem stammen die Daten von Menschen aus dem nordamerikanischen Kulturkreis mit zumeist höherer Bildung und spiegeln deren Kultur- und Ausbildungsstandards wider. Ob die dargestellten Entwicklungstendenzen tatsächlich generalisierbar sind, müssen weitere Studien zeigen, bei denen Frauen wie Männer mit unterschiedlichen sozialen, kulturellen und wirtschaftlichen Hintergründen befragt werden.

2.3.2   Modelle motivationaler Entwicklung

Die Modelle motivationaler Entwicklung sind, ebenso wie die Modelle psychosozialer Entwicklung, auf der Ebene der charakteristischen Adaptationen der Persönlichkeit zu betrachten. In den in den vorhergehenden Kapiteln vorgestellten psychosozialen Konzeptionen wird von vergleichbaren motivationstheoretischen Vorstellungen ausgegangen. Den Modellen liegt die Annahme zugrunde, dass Individuen durch Veränderung ihrer inneren psychischen und äußeren sozialen Situation, immer wieder mit psychischen Konflikten konfrontiert werden. Die Empfindung der Konflikthaftigkeit (oder Ambivalenz) gleichzeitig mit dem Wunsch nach deren Auflösung stellt die Energie oder den Antrieb für das Handeln der Individuen bereit und ermöglicht damit Entwicklung.

In klassisch motivationstheoretischen Modellen (z.B. Deci & Ryan, 1985; Lewin, 1935; Maslow, 1970; Murray, 1953; Rogers, 1951) wird noch fundamentaler argumentiert, indem von menschlichen Grundbedürfnissen ausgegangen und das Streben nach deren Befriedigung als der Hauptmotor für Verhalten und damit menschlicher Entwicklung angesehen wird. Die meisten der großen persönlichkeitspsychologischen Theorien des 20. Jahrhunderts beschäftigten sich mit menschlichen Grundbedürfnissen (McAdams, 2006; Schneewind, 1996a). In dieser Arbeit liegt der Fokus auf der humanistischen oder phänomenologischen Tradition der Persönlichkeitspsychologie (Maslow, 1970; Rogers, 1951), in der das Streben nach Selbstverwirklichung und Selbstvervollkommnung die wichtigste Motivation menschlicher Entwicklung darstellt. Die aktuell einflussreichste in dieser Tradition stehende Theorie ist die Selbstbestimmungstheorie von Deci und Ryan (1985; 2000; 2002), die im Folgenden vorgestellt wird.

2.3.2.1 Die Selbstbestimmungstheorie von Deci und Ryan

Im Zentrum der Selbstbestimmungstheorie der Motivation (Deci, 1975; Deci & Ryan, 1985, 1991, 2002) steht das veränderbare Selbst, das in ständigem Austauschprozess mit seiner sozialen Umwelt steht. Während andere Motivationstheorien lediglich quantitative Unterschiede der Motivationsstärke annehmen, gehen Deci und Ryan davon aus, dass Motivation hinsichtlich des Grades an Selbstbestimmung qualitativ unterscheidbar ist. Zur Beschreibung unterschied Deci (1975) zunächst intrinsisch (hoher Grad an Selbstbestimmung) von extrinsisch (niedriger Grad an Selbstbestimmung) motivierten Verhaltensweisen. Jemand handelt intrinsisch motiviert oder selbstbestimmt, wenn sein Interesse lediglich der Tätigkeit selbst gilt. Zum Beispiel wenn jemand ein Buch liest, weil es ihn interessiert und ihm Spaß macht. Extrinsisch motiviert ist jemand, der aus einem anderen Grund als sein lediglich Interesse an der Tätigkeit selbst handelt. Zum Beispiel wenn er besagtes Buch liest, um dafür gelobt zu werden oder um eine Prüfung zu bestehen.

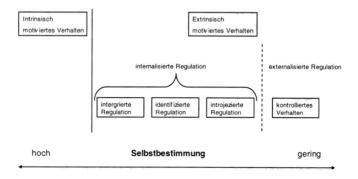

Abbildung 3: Die verschiedenen Formen der Verhaltensregulation in der
Selbstbestimmungstheorie nach Deci und Ryan (aus Bles, 2002, S. 239)

Nachdem sich empirisch (Ryan, Mims & Koestner, 1983) herausgestellt hatte, dass nicht nur intrinsisch motiviertes Verhalten (Deci, 1975) selbstbestimmt ist, sondern auch extrinsisch motiviertes Verhalten durch ein bestimmtes Ausmaß an Selbstbestimmung gekennzeichnet sein kann, kamen die Autoren (Deci & Ryan, 1991) zu dem Schluss, dass die Unterscheidung in intrinsische und extrinsische Motivation keine ausreichende Erklärungskraft für die Vorhersage von Verhalten besitzt. In der Weiterentwicklung ihrer Theorie unterteilten sie deswegen extrinsisch motiviertes Verhalten in Verhalten mit internalisierter und externalisierter Regulation (vgl. Abbildung 3).

Extrinsisch motiviertes Verhalten mit externalisierter Regulation wird kontrolliertes Verhalten genannt und weist kaum Selbstbestimmung auf, während Verhalten mit zunehmend internalisierter Regulation – von introjezierter bis hin zur integrierten Regulation – durchaus selbstbestimmt empfunden werden kann (Bles, 2002).

Weiterhin nehmen die Autoren an, dass der Drang nach Selbstbestimmung den Menschen während seines gesamten Lebens begleitet:

According to our perspective , a central feature of human nature is an active agency and a synthetic tendency that we ascribe to the self. From the time of birth, human beings are oriented toward the active exercise of their capacities and interests. They seek out optimal challenges, and they attempt to master and integrate new experiences.

*In other words, they are engaged in a developmental process that is intrinsic to
their nature and is characterized by the tendency toward a more elaborate and ex-
tensive organisation. (1991, S. 238-239)*

Deci und Ryan gehen davon aus, dass der hauptsächlich die intrinsische Motivation kennzeichnende Drang nach Selbstbestimmung die energetische Basis für die natürliche Aktivität des menschlichen Organismus bereitstellt.
Menschen besitzen natürlicherweise die Tendenz sich mit immer neuen Herausforderungen zu konfrontieren, die sie in ihrer Selbst-Entwicklung weiter-
bringen. Diesen Wachstumstendenzen wiederum liegen – nach dem Postulat
der Selbstbestimmungstheorie – drei psychologische Grundbedürfnisse
zugrunde (Deci & Ryan, 2000):

- *Kompetenz- oder Wirksamkeitsbedürfnis* – das Individuum möchte sich
  wirksam mit seiner Umwelt auseinandersetzen und die eigenen Kompetenzen weiterentwickeln.

- *Selbstbestimmungs- oder Autonomiebedürfnis* – das Individuum strebt danach, seine Handlungen frei gewählt und selbstverursacht ausführen zu
  können.

- *Soziale Bezogenheit oder Eingebundenheit* – das Individuum hat das Bedürfnis nach Zugehörigkeit und Verbundenheit mit anderen und nach be-
  friedigendem Austausch mit der sozialen Umwelt.

Diese drei Grundbedürfnisse lassen sich empirisch auf drei unabhängigen
Dimensionen abbilden (Deci & Ryan, 2000; 2002). Sie bringen selbstbe-
stimmtes Verhalten hervor, auch wenn das Bedürfnis nach Bezogenheit
extrinsisch motiviertes Verhalten begünstigen kann. Die Selbstbestimmung
wiederum unterstützt Persönlichkeitsentwicklungsprozesse, die einerseits I-
dentitätsentwicklung und andererseits Integration in soziale Bezüge beinhaltet. Deci und Ryan (1991) sprechen in dem Zusammenhang von „organismic
integration". Die drei empirisch herausgearbeiteten psychologischen Grundbedürfnisse – Bedürfnis nach Kompetenz, Autonomie und Zugehörigkeit –
stellen die Energiequelle für den Drang nach Selbstbestimmung und für intrinsisch motiviertes Verhalten dar. Dies wiederum führt über die Lebensspanne zu zunehmend integrativeren Entwicklungsprozessen der Persönlichkeit. Diese Integrationsleistung vollzieht sich auf zwei Ebenen: Selbstentwicklung oder Identitätsbildung einerseits und Einbindung in soziale Beziehungen andererseits. Beides vollzieht sich gleichzeitig; eine Schieflage ent-
steht, wenn sich die eine Ebene auf Kosten der anderen weiterentwickelt. Ü-
bertragen auf die Ansätze dieser Arbeit legt dies nahe, dass die Ambivalenzen
von Frauen in der Mitte ihres jungen Erwachsenenalters (age 30 transition;
Levinson, 1986) eine Schieflage zwischen Selbstentwicklung und Einbindung
widerspiegeln.

2.3.2.2 Der interpersonale Ansatz

Die dargestellte Selbstbestimmungstheorie der Motivation hat sich aus den humanistischen Ansätzen in Abgrenzung zur Psychoanalyse und zum Behaviorismus weiterentwickelt. Die Selbstbestimmungstheorie kann als entwicklungspsychologisch orientierte Theorie verstanden werden. Ebenfalls als Reaktion auf die klassischen Ansätze entstanden Mitte des letzten Jahrhunderts interpersonale Theorien (Horney, 1945; Leary, 1957; Sullivan, 1953), deren Weiterentwicklung im Folgenden erläutert wird. Die interpersonalen Ansätze zur Motivationsklärung von Verhalten fokussieren weniger auf normative Entwicklungsprozesse, sondern nehmen eher den psychopathologischen Blickwinkel ein. Im interpersonalen Ansatz wird die Motivation des Handelns besonders hervorgehoben, oder wie Horowitz (2004) formuliert: „Many questions that we pose are questions of motivation: What do people want from dyadic interactions?" (p. 3).

Die frühen interpersonalen Theorien (z.B. Horney, 1945; Leary, 1957; Sullivan, 1953) versuchten zunächst, psychiatrische Symptomatik als Folge sozialer Interaktionen – statt, wie die klassische Psychoanalyse, als Folge intrapsychischer ungelöster Konflikte – zu fassen. Dabei gingen sie von den Prämissen aus, dass interpersonales Verhalten bewusst oder unbewusst zielorientiert ist und völlig unterschiedlich wahrgenommen werden kann. Viele spätere – empirisch basierte – theoretische interpersonale Ansätze (z.B. Benjamin, 1974; Horowitz, Strauß & Kordy, 1994; Wiggins, 1979) haben versucht, interpersonales Verhalten zu klassifizieren und auf Dimensionen anzuordnen. Es konnte gezeigt werden, dass sich interpersonale Verhaltensweisen in einem zweidimensionalen Raum anordnen lassen, der dem ursprünglich von Leary (1957) entwickelten Circumplex-Modell entspricht. Der Gewinn an zusätzlich aufgeklärter Varianz durch weitere Dimensionen wiegt nicht den Vorteil der Klarheit auf, den diese zwei Dimensionen bieten können (Horowitz, 2004). Wobei die eine der beiden Dimensionen im Circumplex-Modell mit „Zuneigung" (feindseliges versus freundliches Verhalten) und die andere Dimension mit „Kontrolle oder Dominanz" (dominierendes versus unterwürfiges Verhalten) bezeichnet wird. Diese zweidimensionale Betrachtungsweise lässt sich trotz Unterschiedlichkeiten auf die Konzepte von „agency" und „communion" von David Bakan (1966) zurückführen. Wo diese Unterschiedlichkeiten liegen wird erläutert, nachdem die Konzepte von Bakan kurz vorgestellt werden. Wie schon in der Einleitung erwähnt, führt dieser „agency" und „communion" folgendermaßen ein:

I have adopted the terms "agency" and "communion" to characterize two fundamental modalities in the existence of living forms, agency for the existence of an organism as an individual, and communion for the participation of the individual in some larger organism of which the individual is a part. Agency manifests itself in self-protection, self-assertion, and self-expansion; communion manifests itself in

the sense of being at one with other organisms. Agency manifests itself in the for-
mation of separations; communion in the lack of separations. Agency manifests it-
self in isolation, alienation, and aloneness; communion in contact, openeness, and
union. Agency manifests itself in the urge to master; communion in noncontractual
cooperation. (S. 14-15)

Bakan legt also den Fragen nach dem basalen Antrieb menschlichen Verhaltens zwei fundamentale Bedürfnisse zugrunde. Dabei repräsentiert „communion" das Bedürfnis nach Verbindung zu anderen bzw. nach Zugehörigkeit zu einem größeren sozialen Verbund. Während „agency" für das Bedürfnis steht, das Selbst als eine unabhängige, von anderen als getrennt zu betrachtende Einheit zu erleben.

Im interpersonalen Ansatz werden Persönlichkeitsentwicklungsprozesse im Spannungsfeld dieser beiden Grundbedürfnisse betrachtet. Persönlichkeit entwickelt sich zwischen zwei Entwicklungslinien: Eine, die idealerweise dahin führt, dass das Bedürfnis nach Intimität mit Anderen befriedigt wird und eine weitere, die idealerweise zu einem stabilen, realistischen, autonomen und kompetenten Selbstbild führt (Blatt, 1990; Horowitz, 2004). Dabei stehen Motive von „communion" und „agency" häufig in Konflikt miteinander. Eine „normale" Persönlichkeitsentwicklung erfordert über die Lebensspanne hinweg die Befriedigung beider Grundbedürfnisse (Horowitz, 2004).

Inwiefern die Dimensionen „Zuneigung" und „Dominanz" des Circumplex-Modells sich auf die beiden Bakanschen Grundbedürfnisse zurückführen lassen, sei nun erläutert. Zur besseren Nachvollziehbarkeit bietet sich die Unterscheidung zwischen inter- und intrapersonalen Bedürfnissen an. Bei der intrapersonalen oder intrapsychischen Sichtweise liegt der Fokus auf Prozessen innerhalb einer Person (Entwicklung des Selbst), bei der interpersonalen Sichtweise hingegen auf Prozessen, die zwischen Personen stattfinden (Entwicklung von Beziehungen zu Personen oder Objekten). Für Horowitz (2004) ist das Bedürfnis nach „communion" immer interpersonal orientiert, das Bedürfnis nach „agency" allerdings kann sowohl inter- als auch intrapersonal orientiert sein. Der zweidimensionale Raum des Circumplex-Modells wird nun nicht von Grundbedürfnissen, die Verhalten motivieren, sondern von den Verhaltensweisen selbst gestaltet. Diese sind rein interpersonal definiert. Damit wird nachvollziehbar, dass sich die Zuneigungs-Dimension auf das Bedürfnis nach „communion" zurückführen lässt. Die Dominanz-Dimension allerdings lässt sich nur auf Teile des Bedürfnisses nach „agency", nämlich auf die interpersonalen Anteile, zurückführen.

2.3.3 Psychosoziales und motivationales Modell der Entwicklung Persönlicher Autorität im Familiensystem von Williamson

Strukturell betrachtet lassen sich die ersten vier vorgestellten Modelle (Erikson, Levinson, Vaillant, Ryan & Deci) auf einer individuumzentrierten Ebene einordnen. Der Blick bleibt dabei auf die Person und ihre Entwicklung gerichtet, unabhängig von den Systemen, in denen diese eingebettet ist. Mit der Darstellung des interpersonalen Ansatzes ist der Blick bereits von einer individuumszentrierten hin zu einer Ebene gelenkt worden, bei der die Dyade im Fokus steht. Dieser Schritt stellt den Übergang auf eine dritte Ebene dar, auf der Individuen, Dyaden, und größere Gruppen als Systeme betrachtet werden. Das Modell der Entwicklung Persönlicher Autorität im Familiensystem (Williamson, 1981, 1991), im Folgenden nur als Persönliche Autorität bzw. PAFS bezeichnet, wurde aus einer systemischen Perspektive heraus konzipiert. Für die Arbeit wichtige Elemente einer systemischen Perspektive werden im anschließenden Kapitel (2.4) eingeführt und erläutert. An dieser Stelle sei lediglich darauf verwiesen, dass Williamson die Entwicklung Persönlicher Autorität als wichtige Entwicklungsaufgabe im Erwachsenenalter vor dem Hintergrund der Entwicklung im Familiensystem beleuchtet.

Inhaltlich betrachtet liefen alle bisher vorgestellten Modelle darauf hinaus, dass sich Persönlichkeitsentwicklung in einer Art Spannungsfeld widerstreitender Bedürfnisse vollzieht. Williamson (1991) gibt diesem auch von ihm beobachteten Phänomen einen Namen: Mit dem „Intimacy Paradox" beschreibt er, dass Personen auf der einen Seite emotional frei und selbstbestimmt seien, gleichzeitig aber ihre Ideen, Hoffnungen, Gefühle, Werte und Ängste mit bedeutungsvollen Anderen in intimen Beziehungen teilen wollen. Die Überwindung dieses Intimitätsparadoxons liegt nach Williamson in der Entwicklung spezieller sozialer Qualifikationen, die im Umgang mit der eigenen Person, wie auch im Umgang mit anderen Menschen, zu der Ausprägung von Persönlicher Autorität im Familiensystem führen (Vierzigmann, 1995). Williamson führt das Konzept Persönliche Autorität im Familiensystem als eine charakteristische Phase sowohl im individuellen als auch im familiären Lebenszyklus ein (Lawson & Brossart, 2004). Während die vorgestellten psychosozialen Modelle den Fokus auf Entwicklungsstadien legen und die vorgestellten motivationalen Modelle aus den Grundbedürfnissen heraus auf ein zwischen diesen liegendes Spannungsfeld der Entwicklung verweisen, können mit dem Modell von Williamson zumindest für diese spezifische Phase (der Entwicklung Persönlicher Autorität) beide Perspektiven gleichzeitig berücksichtigt werden.

Lawson und Brossart (2004) beschreiben das Konstrukt der Persönlichen Autorität im Familiensystem (PAFS) nach Williamson zunächst als eine Modifikation des Bowenschen Konzeptes der Selbstdifferenzierung auf Basis der intergenerationalen Familientheorie (Bowen, 1978; Carter & McGoldrick, 1998; Kerr & Bowen, 1988; Williamson, 1982), die individuelle mit Familienlebenszyklen verbindet. Selbstdifferenzierung nach Bowen (1978) beschreibt die Fähigkeit, zwischen emotionalen und intellektuellen bzw. kognitiven Prozessen unterscheiden zu können, ebenso wie die Fähigkeit, Unabhängigkeit und Verbundenheit innerhalb eines Beziehungssystems leben zu können (Kerr & Bowen, 1988). Der erste Aspekt, zwischen kognitiven und emotionalen Prozessen unterscheiden zu können, lässt sich auch als Fähigkeit zur emotionalen Regulation oder als Fähigkeit eine eigene Position innerhalb eines Beziehungsgefüges beziehen zu können, beschreiben. Dies stellt die intrapersonale oder intrapsychische Seite der Selbstdifferenzierung dar. Entsprechend repräsentiert der zweite Aspekt die Fähigkeit, in Beziehungen Nähe und Distanz frei regulieren zu können, die interpersonale Seite der Selbstdifferenzierung (Skowron, 2000).

Inwiefern unterscheidet sich nun das Konzept der Selbstdifferenzierung von dem der Persönlichen Autorität? Die Konzeption der Persönlichen Autorität ist der der Selbstdifferenzierung sehr ähnlich; unterschiedlich ist, dass Bowen den Prozess der Differenzierung als lebenslange Entwicklungsaufgabe fokussiert, während Williamson für die Entwicklung Persönlicher Autorität eine bestimmte Phase im Erwachsenenalter heranzieht. Weiter behandelt Williamson explizit das Verhältnis zu den Eltern, während Bowen eine allgemeiner gefasste transgenerationale Sichtweise einnimmt. Schließlich ist für Bowen im Zweifel die Autonomie oder Unabhängigkeit wichtiger als die Verbundenheit, wohingegen Williamson Unabhängigkeit und Verbundenheit in Einklang zu bringen für wesentlicher hält (Lawson & Brossart, 2004).

Was verbirgt sich nun hinter dem Konzept der Persönlichen Autorität von Williamson? Williamson (1982; 1991) subsumiert unter Persönlicher Autorität verschiedene Fähigkeiten und Verhaltenskompetenzen, die in der Auseinandersetzung mit der eigenen Herkunftsfamilie erworben werden können. Hier wären zu nennen: Die Fähigkeit, eine klare, eigene Position einnehmen und diese auch vertreten zu können, die Fähigkeit, eigene und fremde Positionen reflektieren zu können und die Fähigkeit, eigene Entscheidungen treffen und auch verantworten zu können. Außerdem umfasst Persönliche Autorität Kompetenzen, die einen souveränen und selbstbestimmten Umgang mit Verbundenheit erlauben, ohne dass die erreichte Selbst-Autonomie oder Unabhängigkcit gcfährdet wird. Zusammengefasst ist also Persönliche Autorität die Fähigkeit Unabhängigkeit und Verbundenheit zum Herkunftsfamiliensystem im Gleichgewicht halten zu können, d.h. sich selbst zu verwirklichen und sich gleichzeitig in engen Beziehungen zu Mitgliedern der Herkunftsfamilie (vor allem zu den eigenen Eltern) frei bewegen zu können. Willimson sieht das Erreichen von Persönlicher Autorität im Herkunftsfamiliensystem als „Basisqualifikation" (Vierzigmann, 1995) auf dem Weg zu einer erwachsenen Beziehungspersönlichkeit. Die meisten Menschen erreichen Persönliche Autorität im Alter von 30 bis 45 Jahren (Bray, Williamson & Malone, 1984; Williamson, 1981). Empirisch konnte zumindest anhand von Querschnittsstudien für besagte Altersgruppe im Vergleich zu jüngeren Altersgruppen im Mittel ein höherer Wert an gemessener Persönlicher Autorität nachgewiesen werden (Lawson & Brossart, 2004; Lawson, Gaushell & Karst, 1993). Wenn PAFS in der vierten und fünften Lebensdekade nicht erreicht wird, so Williamson (1991), bleibt eine dysfunktionale, hierarchische Struktur im Familiensystem bestehen. Das Erreichen von Persönlicher Autorität stellt die entscheidende Beziehungsherausforderung im zweiten Abschnitt des frühen Erwachsenenalters dar, mit der das Intimitätsparadoxon überwunden werden kann. Williamson (1991) nimmt weiter an, dass die Art und Weise, wie diese Beziehungsherausforderung in der Herkunftsfamilie (v.a. den Eltern gegenüber) bewältigt wird, weitgehend bestimmt, wie viel Persönliche Autorität in anderen Beziehungssystemen entwickelt werden kann (z.b. wie gut die Regulierung von Nähe und Distanz in intimen Beziehungen funktioniert).

2.3.4 Persönlichkeitsentwicklung aus systemischer Sicht

Das folgende Kapitel stellt einige strukturelle Aspekte von Entwicklung oder Veränderung aus systemtheoretischer Sicht vor, die den theoretischen Teil dieser Arbeit abrunden. Es soll deutlich werden, dass eine systemische Perspektive fundamental für das Verständnis dieser Arbeit ist. Dabei werden weder die Geschichte der systemischen Therapie (vgl. hierfür Ludewig, 1993; Schiepek, 1999; Schlippe & Schweitzer, 1996) noch die Systemtheorien in ihrer Relevanz für die Psychologie (Böse & Schiepek, 1994; Haken & Schiepek, 2006; Kriz, 1997; Schneewind & Schmidt, 2002) nachgezeichnet. Wichtig für das Verständnis von Persönlichkeitsveränderungsprozessen ist jedoch das Einführen einer systemtheoretischen Perspektive, als eine bestimmte Weise die Welt wahrzunehmen. Dabei sind Systeme – kurz definiert als „ein Komplex interagierender Elemente" (Bertalanffy, 1968, S.55) – immer der entsprechende Betrachtungsgegenstand. Grundsätzlich kann im Bereich lebender Systeme zwischen personalen (Individuen) und sozialen Systemen (Familien, Gruppen, Gesellschaften) unterschieden werden (Schneewind & Schmidt, 2002). Hauptsächlicher Betrachtungsgegenstand dieser Arbeit sind die Teilnehmerinnen der Familienrekonstruktionen als personale Systeme und Persönlichkeitsentwicklung als Prozesse emotionaler, kognitiver und verhaltensorientierter Muster im System (Schmidt, Schmid & Sierwald, 2001).

2.3.4.1 Eine spezifische Perspektive: Sozial-konstruktionistisch

Was ist damit gemeint, die Welt auf systemische Weise wahrzunehmen? Die Antwort auf die Frage erfordert auch innerhalb der Systemtheorien eine Entscheidung hinsichtlich der Haltung bezüglich der verschiedenen Konstruktionen von Wirklichkeit. Nach der hier gewählten systemisch-konstruktivistischen Perspektive sind Systeme nicht per se existent, sondern Konstruktionen, die der Mensch sich von der Realität – also auch von sich selbst – macht (Schneewind & Schmidt, 2002). Insbesondere in den Theorien der sozialen Konstruktion (Berger & Thomas, 1977; Gergen, 1999; Schiepek, 1999) wird der Frage nachgegangen, wie in personalen oder sozialen Systemen Wirklichkeit erzeugt wird. Schneewind und Schmidt (2002) haben zusammengefasst, dass durch die Verwendung von sprachlichen oder sonstigen Zeichen der Beobachter eine aus seiner Perspektive erfolgende Konstruktion der Wirklichkeit vornimmt, die dadurch zu seiner Wirklichkeitskonstruktion wird. Die Realität wird erst durch Kommunikation zu einer für den Beobachter geordneten Welt. Das heißt aber nicht – wie Kritiker den Theorien der sozialen Konstruktion häufig vorwerfen (z.b. Bischof, 1996a, 1996b) –, dass es die reale Welt nicht gibt, sondern dass es wenig Sinn macht, Realität zu erfassen, ohne den „konstitutiven Prozess zu berücksichtigen, der in der Wechselwirkung zwischen einem erfahrenden System und einem zu erfahrenden System liegt." (Schlippe & Schweitzer, 1996, S. 87). Kommunikation wird dabei als gemeinsam koordinierte Aktion zweier oder mehrerer Beteiligter verstanden. Koordiniert wird die Bedeutung dessen, was ein Sprecher signalisiert und ein Adressat als Signal identifiziert und versteht. Bedeutung und Verstehen beziehen sich dabei auf geteilte kulturelle Erfahrungen (Schmidt et al., 2001).

2.3.4.2 Spezifische Repräsentanzen: Bilder und Schemata

Nach dieser kurzen Einführung in die grundlegende sozial-konstruktionistische Betrachtungsperspektive dieser Arbeit wird der Frage nachgegangen, wie sich Prozesse der Persönlichkeitsentwicklung als Veränderung emotionaler, kognitiver und verhaltensorientierter Muster aus systemtheoretischer Perspektive beschreiben lassen.

Wenn Phänomene (z.b. Muster oder Prozesse) als soziale Konstruktionen begriffen werden, dann sind sie nicht einfach intersubjektiv nachvollziehbar. Damit wird an dieser Stelle in der vorliegenden Arbeit die Perspektive eingeführt, nicht eine begreifbare Realität erfassen zu können, sondern eine spezifische Repräsentanz der entsprechenden Realität. Repräsentanzen sind quasi Bilder, die sich ein System (z.b. eine Person oder auch eine Gruppe von Personen) von sich selbst, von anderen und von deren Beziehungen gemacht hat. In der Persönlichkeitspsychologie ist das zentrale Konzept, mit dessen Hilfe diese Bilder erfasst werden können, das des *Schemas*. Der Begriff Schema kann für jede abstrakte Wissensstruktur verwendet werden und repräsentiert allgemeines Wissen über das dieser Struktur zugrunde liegende Konzept (Fiske & Taylor, 1984). Schemata lassen sich auf ganz unterschiedliche Art und Weise begreifen. Man kann sie z.b. als „Filter" oder „Schablonen"

(McAdams, 2006) ansehen, über die Informationen wahrgenommen, organisiert und verstanden werden.

Lassen sich mit diesen beiden Metaphern auch komplexere Selbst- und Beziehungsschemata, wie zum Beispiel die ambivalenten Beziehungserfahrungen der in der Einleitung vorgestellten Frauen im jungen Erwachsenenalter beschreiben? Möglicherweise ist die Metapher eines „Regals" hierfür hilfreicher, das sich über die Zeit hinweg mit dem Ansammeln von Erfahrungen Fach für Fach aufbaut. In dessen Fächer können die so gefilterten Informationen als Erfahrungen abgelegt werden. Wenn beispielsweise eine junge Frau bisher in jeglicher Form von engen Beziehungen die Erfahrung gemacht hat, dass Verbundenheit oder Intimität und Unabhängigkeit nicht gut miteinander vereinbar sind, stellt sich die Frage, was passieren würde, wenn sie nun einen Mann kennen lernt, der ihr nah sein kann, ohne ihre Unabhängigkeit einzuschränken? In der Metapher des Regals gäbe es in diesem Beispiel nur ein Fach für Unvereinbarkeit von diesen beiden Bedürfnissen, jedoch noch keines für deren Vereinbarkeit. Besteht für diese junge Frau jetzt überhaupt eine Möglichkeit diese neue Erfahrung wahrzunehmen? Sie müsste ein neues Fach schaffen, über das sie ein neu gewonnenes Schema erkennen, ablegen und somit auch für weitere Erfahrungen nutzbar machen kann. Dieser Vorgang, Erfahrungen auf neue Weise abspeichern zu können, kann als ein Aspekt von Persönlichkeitsentwicklung verstanden werden. Die vorliegende Arbeit setzt den Schwerpunkt auf die Frage, ob eine Umstrukturierung dieser Selbst- und Beziehungsschemata stattfindet.

2.3.4.3 Spezifische Form der Selbstorganisation: Attraktorenmodell

Zur Darstellung von Entwicklungsprozessen existieren aus systemtheoretischer Sicht komplexe Modelle, die nun vorgestellt werden. Neuere systemwissenschaftliche Modellvorstellungen von Entwicklungsprozessen lebender Systeme innerhalb der Psychologie (vgl. Schiepek, 1999; Schiepek, Kröger & Eckert, 2001; Tschacher, 1997) wurden besonders nachhaltig durch erkenntnistheoretische Überlegungen zur Autopoiese (Selbstorganisation) lebender Systeme (Haken & Schiepek, 2006; Maturana & Varela, 1987) beeinflusst. Der Fokus der Systemtheoretiker verschob sich mehr und mehr auf die innere, autonome Selbstorganisationslogik lebender Systeme, auf ihre operationale Abgeschlossenheit und damit auch auf die Grenzen externer Einflussnahme. Die Idee man könne kontrollieren, was im System passiert, wurde aufgegeben (Schlippe & Schweitzer, 1996). Folglich wird Persönlichkeitsentwicklung als ein aktiver Gestaltungsprozess des Selbst innerhalb seiner es umgebenden Systeme angesehen (Schmidt, 2003).

Strukturell gesehen kann Persönlichkeitsentwicklung als Selbstorganisationsprozess mit Hilfe von Funktionsmustern oder *Attraktoren* und deren Dynamik beschrieben werden. Mit Funktionsmuster oder Attraktor ist ein über die Zeit attraktives dynamisches Muster des Denkens, Fühlens und Verhaltens gemeint. An Hand des transdisziplinären Ansatzes der Synergetik (Haken, 1990; Haken & Schiepek, 2006; Manteufel & Schiepek, 1998), eine der Grundlagen für die psychologischen Systemtheorien, wird die Konzeption von Attraktoren genauer beschrieben. In der Synergetik hat sich folgende Modellvorstellung der Selbstorganisation in (nicht nur lebenden) Systemen entwickelt: Durch energetische Anregung beziehen sich die Elemente eines Systems zunehmend intensiver aufeinander und erzeugen bestimmte Strukturen. Dabei lassen sich Strukturen auf unterschiedlichen hierarchischen Ebenen (Mikro-/Makroebene) eines Systems identifizieren, die in wechselseitiger Abhängigkeit zueinander stehen. Dynamische Strukturen auf der Makroebene – Attraktoren – begrenzen die Verhaltensmöglichkeiten der Elemente auf der Mikroebene. Gleichzeitig entsteht die Ordnung auf der Makroebene überhaupt erst durch die Verhaltenssynchronisierung auf der Mikroebene. Bis sich ein bestimmtes Muster durchsetzt und stabilisiert, können vorübergehend Merkmale der dynamischen Struktur miteinander konkurrieren und damit Unruhe im System produzieren. Stabilisierte Muster können wiederum durch bestimmte systeminterne oder kontextuelle Umstände so gestört werden, dass der Übergang zu neuen dynamischen Strukturen angeregt wird. Die Synergetik legt ihr Hauptinteresse auf diese Phasenübergänge (Haken & Schiepek, 2006). Die Ergebnisse eines solchen Übergangs sind nicht eindeutig vorhersagbar und können nicht bewirkt, sondern nur initiiert und über die Gestaltung von Rahmenbedingungen beeinflusst werden.

Erinnern wir uns noch einmal an das Beispiel der jungen Frau, die in ihrem „Beziehungsregal" nicht auf ein Ablagefach für die Erfahrung der Vereinbarkeit von Unabhängigkeit und Verbundenheit zurückgreifen kann. Angewandt auf das Attraktorenmodell hat sie ein bevorzugtes Muster der Nähe-Distanz-Regulierung, das sie – folgt man Williamson (1991) – über die Erfahrungen in ihrer Herkunftsfamilie ausgeprägt hat (vgl. Kap. 2.3.3). Ihr familiäres System hat über Jahre hinweg individuelle Nähe-Distanz-Regulationsprozesse ausgebildet, welche zu komplexen Verhaltensmustern der Personen untereinander führten. Das Gesamtmuster ist einerseits bestimmend für das Verhalten der einzelnen und wird andererseits durch dessen Verhaltensweisen bestimmt. Ähnlich sind individuelle und familiäre Prozesse in mehrgenerationale und gesellschaftliche Prozesse eingebunden. Veränderungen der Nähe-Distanz-Regulation verlaufen nicht kontinuierlich, sondern sprunghaft, durch Übergänge von einem Attraktor zu einem anderen. Die Familie kann Impulse oder Anregungen eines Familienmitgliedes, z.B. mehr Distanz im System zu etablieren, zunächst so verarbeiten, dass das Gesamtmuster beibehalten wird und dadurch ein verändertes Verhalten eines Einzelnen wieder anpassen. Wenn aber systeminterne oder kontextuelle Umstände das System so stark stören, dass der Attraktor instabil wird, erhöht sich die Wahrscheinlichkeit eines Übergangs in einen neuen Attraktor, der es dann der jungen Frau aus unserem Beispiel

ermöglicht, auf der Grundlage eines neuen Musters (Attraktors) Beziehungserfahrungen differenzierter wahrnehmen zu können – oder, um die schlichtere
Metapher zu verwenden, einen neuen Regalboden für die Ablage einzurich-
ten.

2.3.5 Zusammenführung der Modelle – Blick auf ausgewählte Aspekte der Persönlichkeitsentwicklung

Das folgende Kapitel dient der Zusammenführung der bisher vorgestellten
Modelle und stellt eine Verbindung zum methodischen Vorgehen dieser Studie her. Anschließend erfolgt die Vorstellung der Interventionsmethode der
systemischen Familienrekonstruktion (Kapitel 2.4).

Es wurden bislang Prozesse der Persönlichkeitsentwicklung von Frauen im
frühen Erwachsenenalter theoretisch betrachtet, die sich – aus Sicht aller vorgestellten Modelle – im Spannungsfeld zweier Ebenen einordnen lassen: Auf
der Ebene der Selbstentwicklung und auf der Ebene der Integration in soziale
Beziehungen.

In den Modellen psychosozialer Entwicklung (Kap. 2.3.1), insbesondere bei
Erikson, wird in der Phase des frühen Erwachsenenalters die zweitgenannte
Ebene stärker fokussiert – die der zunehmenden Suche nach Intimität – eben-
so wird die Ambivalenz thematisiert, in der Kräfte erreichter Unabhängigkeit
mit Nähebedürfnissen konkurrieren und ausbalanciert werden müssen
(Erikson, 1964; 1968). Die Selbstbestimmungstheorie der Motivation (Deci &
Ryan, 1985, 1991) geht zunächst von drei psychologischen Grundbedürfnissen aus und weist sie auch empirisch nach (Deci & Ryan, 2000; 2002). Diese
drei Dimensionen lassen sich dennoch im Spannungsfeld zweier Kräfte der
Persönlichkeitsentwicklung darstellen (vgl. auch Argumentation im Kapitel
2.3.2.1). Auch in den interpersonalen Ansätzen (Benjamin, 1974; Horowitz et
al., 1994; Wiggins, 1979) werden die unterschiedlichsten Aspekte interpersonalen Verhaltens auf den zwei Dimensionen „agency" und „communion"
(Bakan, 1966) zusammengefasst und lassen sich somit ebenfalls im Spannungsfeld zwischen Selbstentwicklung (im interpersonalen Bereich) und sozialer Integration einordnen. Schließlich stellt Williamson (1991) mit seinem
Modell der Entwicklung Persönlicher Autorität im Familiensystem heraus,
dass sich Persönlichkeitsentwicklung im frühen Erwachsenenalter im Spannungsfeld des Intimitätsparadoxons, mit emotionaler Selbstbestimmung auf
der einen Seite und emotionaler Partizipation auf der anderen Seite, vollzieht.
Unter diesem Blickwinkel wird bei der Betrachtung der Entwicklung von
weiblicher Persönlichkeit in dieser Untersuchung methodisch versucht, diese
Dimensionen bei der Analyse der Daten auch nachweisen zu können.

Persönlichkeit lässt sich nach McAdams (2006) von drei Perspektiven aus
betrachten: Persönlichkeitsdispositionen, charakteristische Anpassungen und

Lebensgeschichten. Es stellt sich die Frage, aus welcher Perspektive die Persönlichkeitsentwicklung von Frauen im frühen Erwachsenenalter speziell in dieser Arbeit betrachtet werden kann, um weitere Hypothesen nachvollziehbar entwickeln zu können. Zur besseren Erläuterung sei eine Metapher herangezogen: Man stelle sich die Struktur unseres Planeten Erde vor, bei dem außen eine geronnene Kruste den darunter liegenden Erdmantel umgibt und im Inneren einen fluktuierenden Kern besitzt. In dieser Metapher entspricht die Erdkruste den Persönlichkeitsdispositionen, der Mantel den charakteristischen Anpassungen und der Kern den Lebensgeschichten. Man könnte nun von jeder der Ebenen aus die Entwicklung der Persönlichkeit betrachten. Da bereits betont wurde, dass in der vorliegenden Arbeit der Fokus auf Veränderungen liegt, ist es sinnvoller, sich auf die fluktuierenden Teile der Persönlichkeit zu beziehen, als auf die eher starren, in Traits gefassten Aspekte der Persönlichkeit. Das Heranziehen dieser Metapher würde nahe legen, den Blick auf den Kern zu richten und damit von der Ebene der Narrationen aus die Persönlichkeitsentwicklung zu betrachten. Die Erhebungsmethode der Wahl hierfür sind inhaltlich bezogene Beobachtungen und Interviews und deren qualitative Auswertung. Im Bezug auf diese Untersuchung liegt zum Beispiel von Schaer (2005) eine solche qualitative Arbeit vor. Qualitative Analysen dieser Art begrenzen allerdings die Größe der Stichprobe erheblich. Außerdem werden darin Geschichtsinhalte und Erzählweisen erfasst, die als Sinnkonstruktionen Antworten auf die Frage nach dem „warum?" geben. Die Betrachtung von der Ebene der charakteristischen Anpassungen aus gibt eher eine Antwort auf die Frage „wie?" jemand empfindet, denkt oder sich verhält, bzw. welches Bild derjenige diesbezüglich von sich hat. Auf dieser Ebene lassen sich auch Fragebögen einsetzen, die durch quantitative Auswertung das Heranziehen einer größeren Stichprobe erlauben. Dem Erdmantel – oder den charakteristischen Anpassungen der zweiten Ebene von McAdams – wird in dieser Arbeit deswegen der zentrale Stellenwert eingeräumt, erstens um mit einer größeren Stichprobe ein höheres Abstraktionsniveau erreichen zu können und zweitens, um eher Verhaltensveränderungen als Veränderungen der Sinnkonstruktionen von Geschichten erfassen zu können.

Aus dem Kapitel über Persönlichkeitsentwicklung aus systemischer Sicht geht hervor, dass die für die Personen relevanten Perspektiven deren Realität darstellen. Damit erscheint es sinnvoll, der Selbstbetrachtung der Personen beim Einsatz der Fragebögen den Vorrang zu geben. Weiter werden die Teilnehmerinnen der vorliegenden Stichprobe als personale Systeme und Persönlichkeitsentwicklung als ein aktiver Gestaltungsprozess des Selbst betrachtet. Dabei sind auf der Makroebene komplexe Muster oder Attraktoren am ehesten als Selbst-Schemata oder Selbst-Bilder beschreibbar. Die Familien der Teilnehmerinnen werden als soziale Systeme angesehen. Entsprechend sind die Attraktoren innerhalb der Familie als das Bild oder Schema, das sich diejenige von ihrer Familie gemacht hat, beschreibbar. Auch wenn die Entwicklung innerhalb der Familien in dieser Arbeit nicht betrachtet werden kann, wird die von den Teilnehmerinnen berichtete Position in ihrem Herkunftsfamiliensystem (Selbstbild vor dem Hintergrund des Familienbildes) als *Attraktor* oder Funktionsmuster beschrieben. In der Logik des Attraktorenmodells gibt es zum einen Attraktoren, also stabile Systemstrukturen, und zum anderen unruhigere Übergangsstrukturen, die entweder in einen neuen Attraktor überleiten oder in den alten zurückführen. Für die empirische Umsetzung in dieser Arbeit ist nun spannend, ob sich die für die jungen Frauen dieser Stichprobe attraktiven (also anziehenden) stabilen Positionen im Herkunftsfamiliensystem identifizieren lassen und wenn ja, wie viele Attraktoren sich bei den Frauen im frühen Erwachsenenalter finden lassen.

Für diese Arbeit heißt das, dass Prozesse der Persönlichkeitsentwicklung von Frauen im frühen Erwachsenenalter im Spannungsfeld zwischen Unabhängigkeit und Verbundenheit vermutet werden, diese Prozesse auf der Ebene der charakteristischen Adaptationen untersucht werden und in die systemische Sichtweise des Attraktorenmodells integriert werden.

2.4 Wie kann Persönlichkeitsentwicklung aktiviert werden? – Systemische Familienrekonstruktion nach dem Münchner Modell

Der Frage, wie Persönlichkeitsentwicklung im Sinne dieser Arbeit aktiviert werden kann, werden die einer Entwicklung oder Veränderung zugrunde liegenden Annahmen vorangestellt. Wie schon im Kapitel 2.4.3 bei der Vorstellung des Attraktorenmodells dargelegt, wird von einem an Phasen und Übergängen orientierten Modell ausgegangen, in dem sich Entwicklung in Schüben vollzieht. Innerhalb eines phasischen Entwicklungsmodells lassen sich Entwicklungsschritte als strukturbildend oder strukturverändernd (Levinson, 1978, 1986) beschreiben. Zeiträume, in denen Strukturen gebildet werden, werden als Phasen bezeichnet, dazwischen liegende Zeiträume, in denen Strukturen verändert werden können, als Übergänge. Um von einer Phase zur nächsten „überzugehen", bedarf es ausreichender Energie, die zunächst dazu führt, dass eine bestehende Struktur „verstört" wird. Damit ist Entwicklung auch definiert als das Durchlaufen von Übergängen und somit als Infragestellung (Verstörung) bestehender Strukturen. Diese Verstörung kann entweder durch normative Entwicklung automatisch abfolgen oder künstlich von außen induziert werden. Letzteres geht mit Vorhersagbarkeit und damit besserer Erfassbarkeit einher. In der vorliegenden Arbeit wird davon ausgegangen, dass mittels geeigneter Methode zur Selbsterfahrung einem System so viel Energie zugeführt werden kann, dass seine Strukturen verstört und damit verändert werden können. Normalerweise findet die Auseinandersetzung junger Frauen mit ihren Grundbedürfnissen eher unvorhersehbar statt. Sie werden sich in bestimmten Lebenslagen (z.B. Beginn einer neuen Beziehung, Trennung vom Partner) mit nahestehenden Personen (z.B. Freundin) Stück für Stück mit ihren Ambivalenzen auseinandersetzen. Nach und nach können so über Jahre hinweg vermeintlich widersprüchliche Bedürfnisse zunehmend integriert werden. Im Fall einer systemischen Familienrekonstruktion ereignet sich eine verdichtete Auseinandersetzung mit den anstehenden Entwicklungsaufgaben. Dadurch wird es wahrscheinlicher, dass sich Entwicklungsschübe zeitnah zu dieser Intervention ereignen. Für die Datenerhebung der vorliegenden Arbeit ergibt sich hieraus, dass sich Messzeitpunkte vor und nach dem Durchlaufen einer solchen Intervention anbieten, was als „geraffter Längsschnitt" verstanden werden kann.

2.4.1 Grundlagen und Ziele

Mit Familienrekonstruktion wird eine in den Familientherapien entstandene Form der Gruppentherapie bezeichnet, in der Selbsterfahrungs- und Selbstentwicklungsaspekte vor dem Hintergrund der Biographie in der Herkunftsfamilie angeregt werden sollen. So unterschiedlich jedoch, wie Familientherapie verstanden und angeboten wird, so unterschiedlich sind auch Formen der Familienrekonstruktionsarbeit (Conen, 1993; Satir, Bitter & Krestensen, 1988; Schmidt, 2003).

Ursprünglich wurde die Methode von Virginia Satir im Rahmen der Ausbildung und Supervision von Therapeuten der humanistischen Familientherapie eingeführt (Satir & Baldwin, 1983). Insbesondere hat Satir eine Vielzahl von Rekonstruktionstechniken entwickelt (Satir, Banmen, Gerber & Gomori, 1995), allen voran die Arbeit mit Skulpturen, mit deren Hilfe Beziehungsmuster im Familiensystem metaphorisch-symbolisch und erlebnisnah dargestellt werden können. Der Einbezug des Körpers (Rollenspiel, Einnahme von Positionen im Raum) bei dieser Form der Technik ermöglicht das intensive Erleben von erzählten Geschichten. So kann emotionales und kognitives „Verstehen" des Betreffenden zusammengebracht und ein „magischer Moment" ausgelöst werden, der Wegbereiter für einen Entwicklungsschub im Sinne der vorliegenden Untersuchung ist. In der systemischen Familienrekonstruktion nach dem Münchner Modell wird mit statischen, sowie dynamischen Skulpturen im Sinne von belebten Bildern bis hin zu psychodramatischen Elementen gearbeitet (Schmidt, 2003).

Zusätzliche Entwicklungen und Varianten der Familienrekonstruktion gingen aus mehrgenerationalen oder narrativen Ansätzen hervor. Aus Sicht der mehrgenerationalen Therapie (Boszormenyi-Nagy & Spark, 1993; Framo, 1992; Massing, Reich & Sperling, 1992; Williamson, 1991) können Probleme und Schwierigkeiten einzelner Familienmitglieder als Ausdruck einer Problematik verstanden werden, die sich über mehrere Generationen entwickelt hat. Innerhalb der therapeutischen Bearbeitung solcher Familienprozesse haben sich Familienstammbäume und Genogramme (McGoldrick & Gerson, 2000) als wirksame Mittel erwiesen. Familienrekonstruktionen erhielten dadurch wesentliche Impulse hinsichtlich einer zeitgeschichtlichen und soziokulturellen Betrachtung des familiären Lebens und Erlebens. Williamson (1991) entwickelte eine Form der Familienrekonstruktion, bei welcher im Anschluss an die gruppentherapeutische Einzelarbeit Familiengespräche mit der Herkunftsfamilie realisiert werden, um das Ziel *Persönliche Autorität im Familiensystem* zu erlangen.

Den narrativen Therapien (Angus & McLeod, 2004; White, 1995) verdankt die Methode der Familienrekonstruktion die Beachtung von Erzählungen und Geschichten, durch welche Personen, Familien oder auch Kulturen ihre soziale Wirklichkeit konstruieren. Ob eine Person dazu in der Lage ist, ihrem sich ständig wandelnden und herausfordernden sozialen Leben einen tragfähigen Sinn zu geben, hängt in entscheidendem Maße davon ab, ob sie in der Lage ist, sich eine glaubwürdige, erzählbare und zufriedenstellende Lebensgeschichte zu erschaffen. Michael White (1990; 1995) versucht in seiner Rekonstruktionsarbeit, die den jeweiligen Klienten einschränkende dominierende Geschichten zu hinterfragen (*De-Konstruktion*). Im Anschluss werden die Rekonstrukteure dazu angeregt, bisher unterdrückte, alternative Geschichten über sich selbst aus neuer Perspektive zu erzählen (*Re-Konstruktion*), die ihnen Wachstum und neue Möglichkeitsräume eröffnen können. Dadurch werden die Rekonstrukteure zu Autoren ihrer Lebensgeschichte und können diese selbstbestimmt erzählen (*Re-Autorisierung*).

Die Beschäftigung mit der eigenen Familie, insbesondere mit der Beziehung zu den eigenen Eltern, sieht Williamson (1991) als wesentlich beim Herangehen an die Aufgaben des frühen Erwachsenenalters an. Hierdurch können widerstreitende Bedürfnisse besser eingeordnet werden, was im günstigen Fall zu besagter Integration der Bedürfnisse und laut Williamson zu mehr Persönlicher Autorität führt. Wie in Kapitel 2.3.3 ausgeführt, werden unter Persönlicher Autorität verschiedene Fähigkeiten und Verhaltenskompetenzen subsummiert, die unter anderem einen selbstbestimmten Umgang mit Verbundenheit erlauben, ohne dass die erreichte Selbst-Autonomie gefährdet wird. Folgt man Vierzigmann (1995), dann erlauben diese Fähigkeiten nicht nur die Entwicklung eines autonomen Selbst und die bewusste Gestaltung von engen Beziehungen im Herkunftsfamilienkontext, sondern auch innerhalb anderer Beziehungskontexte, wie zum Beispiel einer Partnerschaft.

Die Methode der systemischen Familienrekonstruktion nach dem Münchner Modell (Schmidt, 2003) integriert auf der Basis der Arbeit Virginia Satirs die mehrgenerationalen Ansätze, die narrativen Ansätze und die Vorstellungen Williamsons zum Umgang im Herkunftsfamilienkontext und birgt damit in sich das Potential, die in diesem Abschnitt aufgeführten Ansprüche zu erfüllen: a) Integration widerstreitender Bedürfnisse, b) Orientierung im Herkunftsfamiliensystem und Autorisierung der Lebensgeschichte, c) Erreichung von mehr Persönlicher Autorität und d) Übertragung der damit einhergehenden Fähigkeiten auf andere wichtige Beziehungskontexte.

2.4.2 Rahmenbedingungen und Durchführung

Die systemischen Familienrekonstruktionen nach dem Münchner Modell werden in einem Gruppenrahmen von bis zu 16 Teilnehmern (aufgrund der Fokussierung auf Frauen in der vorliegenden Untersuchung im Folgenden als Teilnehmerinnen oder Rekonstrukteurinnen bezeichnet) über einen Zeitraum von ca. neun Monaten von Dr. Martin Schmidt, dem Begründer dieser Methode, durchgeführt. Der Ablauf kann in unterschiedliche Phasen untergliedert werden: Eine Entscheidungsphase, eine Vorbereitungsphase, eine Durchführungsphase und eine Nachbereitungsphase. Während der Durchführungsphase, findet im Allgemeinen einmal wöchentlich eine Sitzung von ca. fünf Zeitstunden statt. Je nach Gruppengröße liegt die Anzahl bei 12 bis 16 Terminen. Die vier Phasen des Münchner Modells folgen einem bestimmten Ablaufschema, das in Abbildung 4 vorgestellt wird (Schmidt, 2003; Schmidt et al., 2001). Ausgewählte Aspekte des Ablaufs werden bei der folgenden Beschreibung der einzelnen Phasen durch das weiter oben schon angerissene Fall-Beispiel der jungen Frau auf der Suche nach Vereinbarkeit von Unabhängigkeit und Verbundenheit illustriert (vgl. Kapitel 2.3.4.2 und 2.3.4.3).

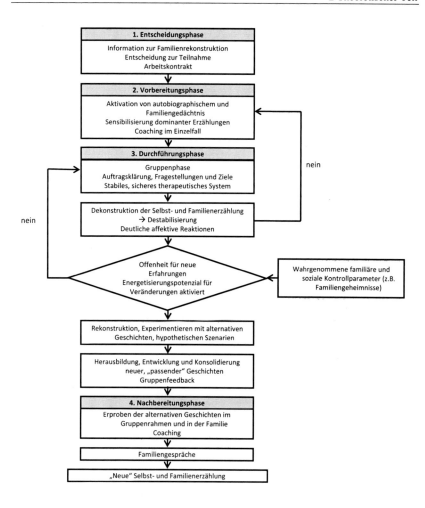

Abbildung 4: Ablauf einer Familienrekonstruktion des Münchner Modells
(aus Schmidt, 2003, S. 107)

Entscheidungsphase

Der Zeitpunkt des Beginns einer Familienrekonstruktion wird durch die Entscheidung der Teilnehmerinnen, an dieser teilzunehmen, festgelegt. Dem vorausgehend wurden vom Leiter ausführliche Informationen zur Methode der Familienrekonstruktion gegeben, um durch genügend Transparenz einen klaren Rahmen für den Prozess der Entscheidungsfindung zu schaffen. Nach der Entscheidung wird zwischen Leiter und Rekonstrukteurin ein Arbeitskontrakt geschlossen, der die beiderseitigen Verantwortlichkeiten, Rechte und Pflichten niederlegt. Diese Klarheit schafft die Basis für einen sicheren, vertrauenswürdigen und tragfähigen Kontext, in dem die Wahrscheinlichkeit steigt, dass die durch vertiefte Beschäftigung mit der eigenen Herkunftsfamilie entstehende Energie zu einem Schub in der Persönlichkeitsentwicklung genutzt wird.

Vorbereitungsphase

An die Entscheidungsphase anschließend folgt eine Vorbereitungsphase, in der die Teilnehmerinnen angeleitet werden, Interviews mit ihren Familienmitgliedern zu führen, anhand von Fragen sich selbst zu explorieren und weitere Informationen zusammenzutragen (Photos herauszusuchen, in Archiven recherchieren, etc.). Dies ist, um auf den narrativen Ansatz zurückzukommen, eine Phase, in der gemeinsam mit den Gesprächspartnern Geschichten (z.B. dominante Erzählungen) oder deren Fragmente innerhalb gewohnter Bahnen oder jenseits dieser auf neue Weise erzählt werden.

Dadurch werden die Selbst-, Familien-, und Sozialbilder der Rekonstrukteurinnen aktiviert und auf einen neuen Stand gebracht. In der Folge stellen die Teilnehmerinnen nach Vorgabe bestimmte Materialien zusammen: Ein mehrere Generationen umfassendes Genogramm (McGoldrick & Gerson, 2000), Zeittafeln über die chronologisch erzählte Biographie beider Eltern und sich selbst und optional eine Auswahl von Familienphotos und anderen bedeutsamen Gegenständen. Durch das Führen von Interviews und die Sammlung von Materialien beginnen sich Fragestellungen für die eigene Familienrekonstruktion herauszukristallisieren. Diese präzisieren sich im Laufe der Vorbereitung zunehmend.

Beispiel

Um den Ablauf einer einzelnen Rekonstruktion genauer illustrieren zu können, erinnern wir uns noch einmal an die junge Frau, deren innere Selbstbilder und Beziehungsschemata wenig Raum für die Verarbeitung von gleichzeitiger Unabhängigkeit und Verbundenheit bereitstellen. Die 32-jährige Studentin der Psychologie leidet unter der fehlenden Erfahrung einer langjährigen funktionierenden Beziehung. Seit einiger Zeit schon führt sie ihre eigene „Beziehungsunfähigkeit" auf das ihr vorgelebte Beziehungsmodell ihrer Eltern zurück: Sie nimmt die Beziehung ihrer Eltern als sehr unbefriedigend wahr, weil sie ihre Mutter als extrem abhängig von ihrem Vater ansieht und ihren Vater als zu ungebunden erlebt. Im Interview mit ihrem Vater erfährt sie überraschenderweise, dass dieser mit der Art der Beziehung zu seiner Frau zufrieden ist. Er habe vorher eine Beziehung geführt, in der die Frau sehr unabhängig gelebt habe. Diese Beziehung hätte ihm nicht genug Sicherheit gegeben, die ihm seine Frau durchaus gäbe. Auch im Interview mit ihrer Mutter erfährt die Studentin Neues: Einige Monate nachdem die Mutter im Alter von 19 Jahren von zu Hause ausgezogen war (Schritt in die Unabhängigkeit), starb deren jüngerer Bruder. Die junge Frau beginnt aufgrund der Verknüpfung dieser beiden Informationen zu vermuten, dass eher der frühe Tod des Bruders die Selbständigkeitsentwicklung der Mutter gehemmt hat, als – wie zuvor vermutet – die Beziehungsdynamik zwischen Mutter und Vater. Diese Informationen werfen bei dem Blick auf das Thema der eigenen Beziehungsfähigkeit weitere, neue Fragen auf.

Die Formulierung von mindestens einer präzisen Frage ist Voraussetzung für die Durchführung einer systemischen Familienrekonstruktion nach dem Münchner Modell. Die Vorbereitungsphase dauert in der Regel zwei bis drei Monate. In dieser Zeit finden auf Wunsch der Teilnehmerinnen bei Bedarf begleitende Einzelgespräche mit dem Leiter statt. Die Vorbereitungsphase ist auf Gruppenebene mit Beginn der Durchführungsphase abgeschlossen, für jede einzelne Rekonstrukteurin reicht sie aber bis zu dem Zeitpunkt der eigenen Rekonstruktion.

Durchführungsphase

Nach der Vorbereitung konstituiert sich eine Gruppe von ca. 16 Personen zur Durchführung der Familienrekonstruktionen. In der Regel wird wöchentlich im Rahmen einer Gruppensitzung jeweils eine Familienrekonstruktion durchgeführt. Die Gruppengröße und die Anzahl der durchgeführten Rekonstruktionen bestimmen die Dauer der Durchführungsphase. Somit dauert die Durchführungsphase vier bis sechs Monate. Damit wird auf das System der Rekonstruktionsgruppe insgesamt fokussiert. Ebenso kann eine einzelne Rekonstruktion zur gezielten Betrachtung des Ablaufs der Durchführung herausgegriffen werden. In dem Fall umfasst die Durchführung die gesamte Dauer der Familienrekonstruktion (drei bis fünf Stunden). Im Folgenden schließt sich die Darstellung der Durchführung einer einzelnen Rekonstruktion an.

Der jeweilige Sitzungstermin beginnt mit einer Runde, in der jede Teilnehmerin über ihre persönliche Entwicklung außer- und innerhalb der Gruppe, im speziellen die Vor- und Nachbereitung der eigenen Rekonstruktion und die Reaktion auf Rekonstruktionen anderer berichtet.

Auf diese Runde folgt eine Pause, in der der Fokus von der Gruppe auf die rekonstruierende Teilnehmerin wechselt, indem sie den Sitzungsraum mit ihren Materialien gestaltet (Genogramm, Zeittafeln, Photos etc.).

In der nun beginnenden systemischen Familienrekonstruktion (ausführlich hierzu: Schmidt, 2003) werden zwischen Leiter und Rekonstrukteurin als erstes Auftrag und Ziel geklärt. Erst wenn hierzu ein beiderseitiger Konsens gefunden wurde, werden in dem darauffolgenden Schritt die Fragestellungen, die die Rekonstrukteurin für sich formuliert hat, näher betrachtet. Dabei bedeutet nähere Betrachtung, dass Ausgangsfragen und Materialien im Raum miteinander verbunden werden. Dies geschieht, indem die Fragestellungen in relevante Bedeutungskontexte (wie z.B. den Kontext einer erzählten Geschichte, den Kontext des mehrgenerationalen Familiensystems, den kulturellen Kontext) eingebettet werden und somit Sinn ergeben (McAdams, 2006). Damit konkretisieren sich die Fragestellungen wie auch die Ziele der Rekonstruktion.

Wenn nun der Auftrag und die Ziele geklärt sowie die Fragestellungen präzisiert sind, steht der eigentliche Prozess der Re-Konstruktion an, dem eine De-Konstruktion vorausgeht. Hier wird die narrative Herangehensweise (Angus & McLeod, 2004; White, 1995; White & Epston, 1990) in der systemischen Familienrekonstruktion besonders deutlich: Im gemeinsamen Prozess des Geschichtenerzählens müssen zunächst automatisierte, dominante Muster des Erzählens über eine sogenannte De-Konstruktion „verstört", also hinterfragt werden. Hierdurch wird die Möglichkeit geschaffen, dass sich neue Verknüpfungen, Ergänzungen und Erweiterungen im Geflecht der bisherigen Erzählungen finden bzw. einfügen, die eigentliche Re-Konstruktion. Dieser Akt ist als kreativer Prozess (Hermans, 2003; Schmidt, 2003) zu verstehen, in dem die Rekonstrukteurin ihre Geschichten möglicherweise umschreibt und so selbst zur Autorin ihrer eigenen Biographie wird (Hermans & Hermans-Jansen, 1995; White, 1995). An diesem Prozess sind alle Gruppenmitglieder aktiv beteiligt, z.B. als Rollenspieler oder Darsteller in Skulpturen.

Zur De- und Rekonstruktion der zur Sprache gebrachten Geschichten werden u.a. Methoden aus der systemischen Therapie eingesetzt, z.B. zirkuläres Fragen, Reflektierendes Team und Skupturarbeiten (Andersen, 1995; Satir et al., 1995; Schlippe & Schweitzer, 1996). Es werden außerdem Methoden aus der narrativen Therapie eingesetzt, z.B. externalisieren, dekonstruktives Zuhören und Fragen oder die Arbeit mit Stimmen (Hermans, 1996; White, 1995). Richtungsübergreifend finden Methoden wie z.B. Körperarbeit, Rollenspiele, Psychodrama und Gestaltdialoge ebenfalls Anwendung (Schmidt, 2003; Schmidt & Schmid, 2002).

De- und Rekonstruktionsprozesse werden zumeist von starken Emotionen begleitet. Wenn diese Gefühle als zu bedrohlich erlebt werden, kann die Angst vor Veränderung bisher dominierende Kommunikations- und Interaktionsmuster stabilisieren. Wird dagegen ein therapeutischer Rahmen geschaffen, der es der Rekonstrukteurin ermöglicht, sich sicher zu fühlen und somit offen für neue Erfahrungen zu sein, können diese starken Emotionen so energetisieren, dass Veränderung möglich wird.

Es folgen das Beispiel und ein das Beispiel unterstützendes Genogramm (Abbildung 5).

Beispiel

Zur Illustration der Durchführung einer Familienrekonstruktion komme ich zurück zum Beispiel der 32-jährigen Psychologiestudentin. Diese findet, dass es an der Zeit ist, sich vertieft mit ihrer Familiengeschichte auseinanderzusetzen, in der Hoffnung dadurch eine dauerhafte Liebes-Beziehung leben zu können. Am Tag ihrer Rekonstruktion formuliert sie als tragende Frage für die Arbeit in der Rekonstruktionsgruppe: *„Was hält mich davon ab, in einer Beziehung glücklich zu sein?"*. Darauf folgt eine genauere Erläuterung der Fragestellung und eine ausführliche Betrachtung der Materialien (v.a. des Genogramms) gemeinsam mit dem Leiter. Bei der folgenden Einbettung der Fragestellung in den Herkunftsfamilienkontext der jungen Frau stellt sich heraus, dass – neben der von ihr bereits gewonnenen Hypothese, dass der Tod des Bruders der Mutter ein Schlüsselereignis zur Beantwortung ihrer Hauptfragestellung darstellen könnte – die Betrachtung der väterlichen Familienseite hierfür besonders ergiebig sein könnte. Der Großvater väterlicherseits ist im Zweiten Weltkrieg gefallen, im gleichen Jahr, als der Vater der Studentin geboren wurde. Sie hatte sich nie gefragt, wie die Hinterbliebenen (die Großmutter, ihr Vater als kleines Kind und seine damals 5-jährige Schwester) mit dem Verlust umgegangen sind. Aufgrund der geführten Interviews konnte sie im Genogramm eintragen, dass in der Familie über eine Alkoholabhängigkeit der Großmutter spekuliert wurde. Zudem deutete ihr Vater an, dass er die Beziehung zu seiner Mutter oft als einengend erlebt hat. Kurz vor dem Mauerbau ist er dann mit 18 Jahren noch aus der DDR in den Westen gegangen und damit auch der Mutter-Beziehung „entflohen". Wie hat die Großmutter den Tod ihres Mannes verarbeitet? Warum empfand der Vater der jungen Frau die Beziehung zu seiner Mutter als zu eng? War diese „Flucht" für den Vater die zu diesem Zeitpunkt einzige Lösung, sich zu autonomisieren? Hat sich die hier vorgelebte Ambivalenz von Unabhängigkeit und Verbundenheit, in der der Vater möglicherweise stehen geblieben ist, auf die Rekonstrukteurin übertragen? Nach der Entwicklung dieser Fragestellungen zugrunde liegenden Hypothesen, schlägt der Leiter vor, einige Situationen dieser Familienge-schichte anhand von Skulpturen in Szene zu setzen. Dies lässt sich mit der Gestaltung eines Theaterstücks vergleichen, für das die Rekonstrukteurin ge-meinsam mit dem Leiter das Drehbuch schreibt, angereichert mit historischen Informationen, die in der Gruppe über die damalige Zeit verfügbar sind. Die erste dargestellte Situation der Familiengeschichte behandelt die erste Zeit nach dem Tod des mit 31 Jahren gefallenen Großvaters der Rekonstrukteurin während des Zweiten Weltkriegs und der beginnenden Nachkriegszeit. Ein Gruppenteilnehmer spielt den Vater der jungen Frau als Baby, eine Teilneh-merin dessen damals 25-jährige Mutter, andere Teilnehmer übernehmen die Rollen weiterer wichtiger Familienmitglieder. Der gefallene Großvater wird durch einen Teilnehmer etwas entfernt von der restlichen Familie am Boden liegend dargestellt. Durch die Instruktionen der Rekonstrukteurin, was die Stellung der Personen zueinander, deren Haltung und Ausdruck betrifft, ent-steht eine erste Skulptur. Nachdem diese sich entwickelt hat, werden Empfin-dungen und Eindrücke der Mitspieler und der Zuschauenden ausgetauscht. Dies trägt dazu bei, die Situation „lebendig" werden zu lassen. Dabei wird deutlich, dass – vermittelt über die Rollenspielerin – die Großmutter mögli-cherweise auch Jahre nach dem ersten Schock über den Verlust ihres Mannes das unangemessene Gefühl des „totalen Verlassenseins" in sich trägt (hier wird dann auch ein mögliches Alkoholproblem verständlich), untermauert auch durch fehlende Unterstützung von Seiten ihres Umfeldes. Der Rollen-spieler des Vaters als Baby und Kleinkind berichtet von einem starken Sog, seiner Mutter Halt geben zu wollen. Diese Art der Arbeit in der Gruppe kann emotional sehr bewegend sein und damit die affektive Grundlage für eine Neugestaltung von Familiengeschichten und der eigenen Biographie bereit-stellen.

Was könnte dieser erste Schritt der Rekonstruktion für die Psychologiestuden-tin, für ihr Verhältnis zu ihrem Vater und für ihr Verhältnis zu sich selbst be-deuten? Sie könnte eher verstehen (sowohl kognitiv als auch emotional), dass ihr Vater zur Ablösung aus seiner sehr engen Beziehung mit seiner Mutter die Flucht wählte und sich damit – anstatt eine Integration von Unabhängigkeit und Verbundenheit zu leben – für einen „Alternativ-Weg" entschied: Den Weg der Unabhängigkeit ohne in ausgewogenem Maße eine Beziehung zur eigenen Mutter aufrecht zu erhalten. Die Rekonstrukteurin könnte somit die Gefühle der Ambivalenz klarer dem Vater zuordnen und seinen Weg als von ihm eigens gewählt erkennen. Dadurch kann der Raum für eigene Gefühle für sie spürbar größer werden. Gleichzeitig kann ihre Zuversicht wachsen, dass sie für ihren Weg bezüglich der Integration von Autonomie und Bezogenheit die Wahl hat.

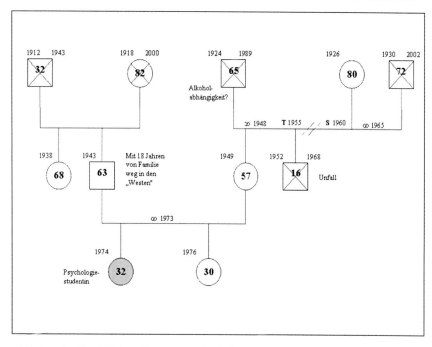

Abbildung 5: Vereinfachtes Genogramm der Rekonstrukteurin des Beispiels

Für die Fortführung des in diesem Beispiel gewählten Anfangs einer Rekonstruktion gibt es unterschiedliche Möglichkeiten die De- und Rekonstruktion fortzusetzen (z.b. Weiterentwicklung der angefangenen Skulptur, Bildung einer neuen Skulptur, Rollenspiel, Wechsel auf die mütterliche Seite im Genogramm, Wechsel der zeitlichen Perspektive, etc.).

Jede Rekonstruktion endet mit einer Runde, in der alle Gruppenmitglieder der Rekonstrukteurin ein „Feedback" geben. Nachdem jede einzelne Rekonstrukteurin ihre Rekonstruktion durchlaufen hat, endet die Gruppenphase mit einer abschließenden Runde, in der jede Teilnehmerin vom aktuellen Stand ihrer persönlichen Entwicklung berichtet.

Nachbereitungsphase

Mit dem Ende der Durchführungsphase der systemischen Familienrekonstruktion nach dem Münchner Modell ist die gemeinsame Selbsterfahrung in der Gruppe abgeschlossen. Eine Gruppen-Nachbereitung gibt es nicht. Für jede einzelne Rekonstrukteurin beginnt eine mögliche Nachbereitung in Form von Verarbeitungsprozessen mit dem Abschluss ihrer eigenen Rekonstruktionssitzung. Hierdurch mischt sich die Nachbereitungsphase jeder Einzelnen mit der Durchführungsphase der Gruppe. Idealerweise konsolidieren sich die alternativen Geschichten in der Nachbereitung und werden in unterschiedlichen Kontexten der Teilnehmerinnen erprobt. Die in diesem Prozess gemachten Erfahrungen fließen in die fortlaufende Gruppe zurück. Falls gewünscht, können auch in der Nachbereitung begleitende Einzelgespräche – auch ein gemeinsames Gespräch aller Mitglieder der Ursprungsfamilie – mit dem Leiter geführt werden. Das Ende der individuellen Nachbereitungsphase ist schwer zu definieren. Der Prozess der Nachbereitung ist ergebnisoffen.

3 Fragestellungen und Hypothesen

Es werden im Folgenden – unter Rückgriff auf die in Kapitel 2.3.4 zusammengefassten theoretischen Modelle – die zentralen Fragestellungen der durchgeführten Untersuchung theoretisch hergeleitet und präzisiert.

Im Mittelpunkt der Untersuchung stehen junge Frauen, die sich in der Lebensphase des frühen Erwachsenenalters befinden (Alterdurchschnitt: 31 Jahre). Ihre Entscheidung, an einer systemischen Familienrekonstruktion in der Gruppe als Selbsterfahrung teilzunehmen, deutet darauf hin, dass sie im Sinne Levinson´s (1986) eine erste Strukturbildung des frühen Erwachsenenalters abgeschlossen haben und Entwicklungsschritte anstehen, die strukturverändernd wirken (vgl. Kapitel 2.3.1.2). Folgt man den bisherigen theoretischen Ausführungen, dann ist die Fähigkeit einer Person, sich im System ihrer Herkunftsfamilie selbst differenzieren zu können, eine gute Voraussetzung für die Bewältigung der Entwicklungsaufgabe Unabhängigkeits- und Verbundenheitsbedürfnisse vereinbaren zu können und damit Persönliche Autorität im Familiensystem, ebenso wie in anderen Bezugssystemen, auszuprägen (Kerr & Bowen, 1988; Lawson & Brossart, 2004; Williamson, 1991). Wo die Teilnehmerinnen dieser Untersuchung bezüglich der Vereinbarkeit ihrer Unabhängigkeits- und Verbundenheitsbedürfnisse stehen, bzw. wie sie sich in diesem Spannungsfeld bewegen, soll also anhand des Grades an Selbstdifferenzierung oder Persönlicher Autorität im Herkunftsfamiliensystem gemessen werden (Williamson, Bray, Harvey & Malone, 1985). Es wird versucht, die Position, die die Teilnehmerinnen in ihren Herkunftsfamilien einnehmen, sowie deren potentielle Veränderungen, in dem zweidimensionalen Raum der Entwicklung darzustellen, der sich in allen theoretischen Modellen des Theorieteils aufzeigen lässt. Wobei die eine Dimension für Selbstentwicklung (Unabhängigkeitsentwicklung, Selbstdifferenzierung, emotionale Selbstbestimmung) und die andere Dimension für Integration in soziale Beziehungen (Suche nach Intimität, soziale Bezogenheit, emotionale Partizipation) steht. Folgende Fragen sollen beantwortet werden: Lassen sich die beiden Dimensionen der Selbst- und Sozialentwicklung auch im Bezugssystem der Herkunftsfamilie der Probandinnen finden? Verändert sich die Persönliche Autorität der Probandinnen ihren Herkunftsfamilien gegenüber im Verlauf der Untersuchung und wenn ja, lässt sich diese Entwicklung auf andere Bezugssysteme übertragen?

Bei der Beantwortung der eben genannten Fragen werden die Angaben aller Probandinnen einerseits gemittelt und Veränderungen insgesamt als universelle Verläufe beschrieben. Andererseits wird – wie in Kapitel 2.2 dargelegt – Wert auf differentielle Verläufe gelegt, in der Annahme, dass bei einer generellen Entwicklungsrichtung (z.B. mehr Persönliche Autorität auszuprägen) immer von individuellen Besonderheiten der Entwicklung auszugehen ist. Die differentielle Betrachtungsweise präzisiert die oben genannten Fragestellungen.

Es folgt eine Darstellung der zentralen Fragestellungen und der ihnen zugeordneten Hypothesen, die aufgrund des empirischen Teils dieser Arbeit beantwortet werden sollen.

Fragestellung 1: Lässt sich die Position der Probandinnen in ihren Herkunftsfamilien, die anhand fünf unterschiedlicher Konzepte der Persönlichen Autorität gemessen wurden, auch im zweidimensionalen Raum der Selbst- und Sozialentwicklung abbilden?

Hypothese 1) Es wird angenommen, dass sich die Zweidimensionalität, Selbstentwicklung und Entwicklung sozialer Integration, bei der Darstellung der Position der Probandinnen in ihren Herkunftsfamilien auffinden lässt.

Die Hypothese so zu formulieren ist zunächst naheliegend, lässt sich doch jedes der im Theorieteil vorgestellten Modelle zur Persönlichkeitsentwicklung im Erwachsenenalter innerhalb solch eines zweidimensionalen Raumes darstellen. Etwas gewagter wird die Hypothese dadurch, dass die zu untersuchende Position der Probandinnen sich auf den Kontext der Herkunftsfamilie beschränkt. Da drängt sich die Frage auf, ob in diesem Kontext nicht vorrangig die Dimension der Integration in soziale Beziehungen betrachtet wird und die Dimension der Selbstentwicklung zu kurz kommt. Dem wird entgegengehalten, dass das Konzept der Selbstdifferenzierung, das in der systemischen Betrachtungsweise große Überschneidungen zur Selbstentwicklung aufweist (Lawson & Brossart, 2004), nicht bedeutet, sich von seinen Bezügen entfernen oder trennen zu müssen; es bedeutet eine spezifische Identität innerhalb seiner Bezugssysteme (z.B. der Familie oder der Gesellschaft) ausprägen zu können (Skowron, 2000; Tuason & Friedlander, 2000).

Fragestellung 2: Verändern sich die unterschiedlichen Variablen, die die Persönliche Autorität im Herkunftsfamiliensystem ausmachen, im Verlauf der Untersuchung bei den Probandinnen?

Hypothese 2.1) Es wird angenommen, dass im Verlauf der Untersuchung ein Selbstdifferenzierungsprozess verstärkt wird. Daraus folgt, dass die Konzepte der Persönlichen Autorität, die für emotionale Verstrickung stehen (Fusion, Triangulierung, intergenerationale Beeinflussung) und damit Selbstdifferenzierung und emotionale Selbstverantwortung verhindern, in der Wahrnehmung der Probandinnen abnehmen.

Hypothese 2.2) Es wird angenommen, dass der Aspekt der Persönlichen Autorität, der am ehesten für ausgehandelte Machtverhältnisse zwischen den Generationen steht (innere Souveränität im Gespräch), im Verlauf der Untersuchung zunimmt.

Hypothese 2.3) Es wird weiter angenommen, dass die in der Persönlichen Autorität mitkonzipierte Intimität in der Beziehung zu den Eltern im Rahmen eines normalen Entwicklungsprozesses im fortgeschrittenen frühen Erwachsenenalter leicht abnimmt.

Studien, die bis dato aus entwicklungspsychologischer Perspektive die Persönliche Autorität im Herkunftsfamiliensystem untersucht haben (Lawson & Brossart, 2004; Lawson et al., 1993), unterstützen die Annahme Williamsons (1981; 1991), dass Persönliche Autorität in der zweiten Hälfte das frühen Erwachsenenalters ausgeprägt wird. Ihre Ergebnisse zeigen, dass Personen, die 30 Jahre und älter sind, von weniger Triangulierung, weniger intergenerationaler Beeinflussung und weniger Intimität im Verhältnis zu ihren Eltern berichten, als Personen zwischen 18 und 29 Jahren. Keine Unterschiede hinsichtlich der genannten Variablen zeigten sich zwischen der Altersgruppe von 30 bis 39 Jahre und der von 40 Jahren und Älteren.

In beiden Untersuchungen lassen sich keine Unterschiede bezüglich des Konzepts der Fusion (stellt einen Gegenpol zu Individuation dar; wenig Selbstdifferenzierung; erhöhte emotionale Reaktivität) und bezüglich der inneren Souveränität im Gespräch mit den Eltern feststellen. Dennoch wird in der Hypothese 2.1 von weniger Fusion und in der Hypothese 2.2 von mehr innerer Souveränität im Herkunftsfamiliensystem ausgegangen. Begründung: Diese beiden Aspekte werden im Vergleich zu ohnehin ablaufenden Entwicklungen im jungen Erwachsenenalter durch die Intervention einer Familienrekonstruktion insbesondere tangiert (Fusion reduziert, innere Souveränität aufgebaut).

Fragestellung 3: Lässt sich eine potentielle Entwicklungsrichtung hin zu mehr Persönlicher Autorität auch innerhalb anderer Bezugssysteme feststellen?

Hypothese 3) Es wird ohne weitere Spezifizierung angenommen, dass sich Transfereffekte potentieller Entwicklungsschritte im Herkunftsfamiliensystem auch im Kontext anderer Beziehungssysteme darstellen lassen. Für die eingesetzten Variablen bedeutet dies, dass von einer Abnahme interpersonaler Probleme ausgegangen wird.

Fragestellung 4: Lässt sich die Position der Probandinnen in ihren Herkunftsfamilien differenzierter darstellen? Lassen sich unterschiedliche Attraktoren finden? Worin unterscheiden sich diese bezüglich der eingesetzten Erhebungsinstrumente?

Hypothese 4) Es wird davon ausgegangen, dass sich die Probandenstichprobe in Abhängigkeit von ihrer Ausgangsposition im Herkunftsfamiliensystem clustern lässt. Es existieren keine Vorannahmen, inwiefern sich potentiell verschiedene Ausgangspositionen bezüglich der erhobenen Variablen unterscheiden.

Begründung: Entwicklung im jungen Erwachsenenalter stellt sich bezüglich multipler Variablen individuell sehr unterschiedlich dar (Berk, 2005) und auch im mittleren Erwachsenenalter wird häufig die differentielle Perspektive eingenommen (Schneewind & Grandegger, 2005).

Die folgenden zwei Fragestellungen sind hypothesengenerierend zu verstehen.

Fragestellung 5: Lassen sich die Veränderungen der Persönlichen Autorität im Herkunftsfamiliensystem im Verlauf der Untersuchung bei den Probandinnen auch differentiell darstellen? Und wenn ja, inwiefern?

Fragestellung 6: Lässt sich eine differentielle Darstellung auch für den Transfer möglicher Persönlichkeitsentwicklung in den Kontext anderer Bezugssysteme vornehmen? Wenn ja, inwiefern?

4 Untersuchungsansatz

Im folgenden Kapitel werden die Durchführung der empirischen Studie, die Stichprobe und die eingesetzten Erhebungsinstrumente genauer beschrieben.

4.1 Durchführung der Studie

Die in dieser Arbeit verwendeten Daten stammen aus einem am Lehrstuhl Persönlichkeitspsychologie, Psychologische Diagnostik und Familienpsychologie (Department Psychologie der Ludwig-Maximilians-Universität München) angesiedelten Forschungsprojekt mit dem Titel „Evaluation von systemischen Familienrekonstruktionen" (Schmidt, 2003; Schmidt & Schmid, 2002; Schmidt et al., 2001). Systemische Familienrekonstruktionen (vgl. für die Durchführung: Kapitel 2.4) werden im Rahmen eines familienpsychologischen Ausbildungsmodells (Schneewind, 1991) für Hauptfachstudenten im letzten Studienabschnitt des Diplomstudiengangs Psychologie der LMU (Schwerpunktfach *Familienpsychologie*) mit dem Ziel durchgeführt, theoretisch und praktisch die Mehrgenerationenperspektive in der Familiendiagnostik und die systemischen Familientherapietheorien kennen zu lernen. Darüber hinaus werden die Wechselwirkungen zwischen mehrgenerationalem Familiensystem und dem eigenen Selbst auf der kognitiven, emotionalen und Handlungsebene reflektiert. Seit 1995 werden diese Ausbildungsgruppen laufend systematisch mit Methoden der Ergebnis- und Prozessforschung evaluiert.

Das Forschungsprojekt befasst sich inhaltlich mit Persönlichkeitsentwicklungsprozessen vor dem Hintergrund von Prozessen in der Herkunftsfamilie. Dabei werden Status und Veränderung auf zwei der drei von McAdams konzipierten Ebenen der Persönlichkeit (vgl. Kapitel 2.1) gemessen: Auf der Ebene der charakteristischen Adaptationen und auf der Ebene von Lebensgeschichten. Auf der Ebene der charakteristischen Adaptationen werden mit Hilfe von Selbstauskunfts-Fragebögen folgende Konstrukte fokussiert: Die Positionen, die die Probanden in ihren Herkunftsfamilien einnehmen, ihre Selbst- und Beziehungsschemata (Familien-, Selbst- und Sozialbild) und die kognitive und emotionale Wahrnehmung und Verarbeitung der Familienrekonstruktionsprozesse. Auf der Ebene der Lebensgeschichten werden Veränderungen von autobiographischen und familiären Narrationen mit Hilfe qualitativer Erhebungsmethoden untersucht (detaillierter nachzulesen z.B. bei Schaer, 2005).

Die Datenerhebung des Projektes lässt sich in drei Untergruppen einteilen:

1) eine *Prä-Post-Katamnesemessung*, bei der die Prämessung direkt vor Beginn der Vorbereitungsphase, die Postmessung ca. zwei Monate nach dem Ende des Gruppenprozesses der Familienrekonstruktionen (Abstand zwi-

schen Prä und Post ca. acht Monate) und die Katamnese mindestens ein Jahr nach Ende der Selbsterfahrungsgruppe bei einer Teilstichprobe durchgeführt wurde:

2) eine *Prozessmessung* bestehend aus 16 Messzeitpunkten zu Beginn jeder Gruppensitzung und

3) *qualitative Prä-Post- und Prozessmessungen* mit Hilfe von schriftlichen oder mündlichen Interviews oder Videoaufzeichnungen unterschiedlicher Teilstichproben.

Die hier vorliegende Arbeit beschäftigt sich mit der ersten Untergruppe des Datensatzes, der Prä-Post-Katamnesemessung, die Abbildung 6 verdeutlicht die in den Ablauf der Familienrekonstruktionsgruppen eingefügten zeitlichen Abläufe der Untersuchung.

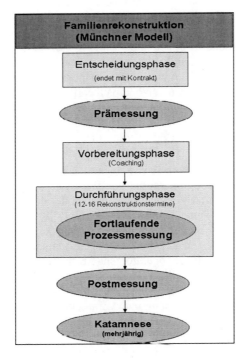

Abbildung 6: Zeitlicher Ablauf der Untersuchung von Familienrekonstruktionen in der Gruppe

Auf das dieser Arbeit zugrunde liegende Veränderungsmodell (Attraktorenmodell, Kapitel 2.3.3.3) bezogen, wird mit der Prä-Messung im Wesentli-

chen der Systemzustand zu Beginn der Rekonstruktionen erfasst. Dabei sollten die Störungen dieses Ausgangsattraktors noch relativ gering sein. Nach
dem Ende der Gruppensitzungen erfolgt eine weitere Momentaufnahme. Die
Daten der Postmessung geben Auskunft über kurzfristige Wirkungen. Sie beschreiben, wie sehr sich das System durch den gesamten Gruppenprozess hat
stören lassen und ob diese Störung bereits für eine erste Veränderung des
Attraktors ausreicht.

Die angestoßenen Aktivierungen und Veränderungen können von den be-
troffenen Systemen als vorübergehende Störungen verarbeitet werden, ohne
deren Attraktoren zu verändern. Nach einiger Zeit kehren die Systeme in ihre
alten Bahnen zurück. Ist die Störung nachhaltig genug, bilden die Systeme in
Selbstorganisation neue Attraktoren aus. Ob es zu nachhaltigen Veränderungen der Beziehungsschemata kommt, kann erst einige Zeit nach dem Gruppenprozess sichtbar werden. Darum wurde ein Teil der Stichprobe (n = 41) zu
den zentralen Variablen in einer Katamnese ein bis vier Jahre nach Ende ihrer
Rekonstruktion noch einmal befragt.

4.2 Stichprobe

Die Stichprobe besteht aus Studentinnen des Departments Psychologie der
Ludwig-Maximilians-Universität München, die im Hauptfach Diplom-
psychologie studieren und im zweiten Studienabschnitt unter anderem Familienpsychologie vertiefen. Die Ausbildungsgruppen des Curriculums Familienpsychologie werden seit 1995 evaluiert. Für die hier vorliegende Untersuchung konnten die bis 2005 durchgeführten Familienrekonstruktionen (neun
Gruppen) berücksichtigt werden. Die Gesamtstichprobe dieser neun Gruppen
umfasst 130 Personen (105 Frauen und 25 Männer). Diese Verteilung entspricht in etwa der Geschlechtsverteilung innerhalb der Studentenpopulation
des Diplomstudiengangs Psychologie an der LMU München. Durch die Fokussierung dieser Arbeit auf Frauen und auf weibliche Entwicklung wird von
der Teilstichprobe der 105 Frauen ausgegangen. Von dieser Teilstichprobe
konnten 102 vollständige Datensätze aus neun Ausbildungsgruppen berücksichtigt werden.

Das durchschnittliche Alter der Teilnehmerinnen liegt zu Beginn der Familienrekonstruktionen bei 31,3 Jahren (Standardabweichung: 5,6; Minimum:
22; Maximum: 48); die Altersverteilung, auf Fünf-Jahres-Zeiträume zusammengefasst, wird in Abbildung 7 dargestellt.

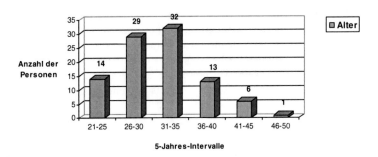

Abbildung 7: Altersverteilung der Stichprobe (zusammengefasst für Fünf-Jahres-Zeiträume)

Es folgen einige Angaben zum familiären Status der Probandinnen. Dazu gehören der aktuelle Familienstand sowie die Kinder- und Geschwistersituation. Im Bezug auf den Familienstand der Stichprobe zeigt das Kreisdiagramm (Abbildung 8), dass knapp die Hälfte der Studentinnen ledig ist, 40 Prozent verheiratet und gut 10 Prozent geschieden, getrennt lebend oder verwitwet.

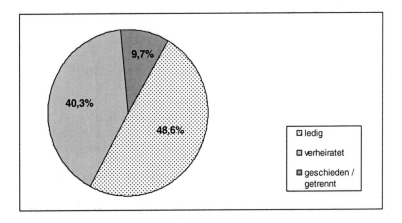

Abbildung 8: Familienstand der Probandinnen (Prozent)

Eine differenziertere Betrachtung des Familienstandes in Abhängigkeit vom Alter der Probandinnen ergibt, dass 93 Prozent der jüngeren Teilnehmerinnen (30 Jahre und jünger) noch ledig sind; die restlichen sieben Prozent sind verheiratet. Von den älteren Probandinnen (31 Jahre und älter) sind gut 20 Prozent ledig, 60 Prozent verheiratet und knapp 20 Prozent geschieden, getrennt lebend oder verwitwet. Innerhalb dieser Gruppe entspricht das Verhältnis der Verheirateten zu den Geschiedenen/Verwitweten in etwa der Verteilung innerhalb der deutschen Gesamtbevölkerung (Quelle: Internetauftritt – Statistisches Bundesamt Deutschland, 2005; http://www.destatis.de/basis/d/bevoe/bevoetab5.php).

Bezüglich der Kindersituation stellt sich die Stichprobe folgendermaßen dar: Gut ein Drittel der Teilnehmerinnen hat bereits mindestens ein eigenes Kind (35 Prozent), die anderen zwei Drittel sind noch kinderlos. Auch hier gilt, dass von den Jüngeren (30 Jahre und jünger) erst zwei Teilnehmerinnen eigene Kinder haben; eine davon ist verheiratet.

In Abbildung 9 ist die Geschwistersituation der Teilnehmerinnen dargestellt, die sich folgendermaßen beschreiben lässt: Knapp die Hälfte der Stichprobe hat ein Geschwister und ein gutes Viertel zwei Geschwister. Das restliche Viertel besteht zu ungefähr gleichen Teilen aus Einzelkindern und Probandinnen mit drei Geschwistern sowie ca. 3 Prozent Probandinnen mit vier Geschwistern. Damit gibt es in den Herkunftsfamilien dieser Stichprobe durchschnittlich 2,5 Kinder.

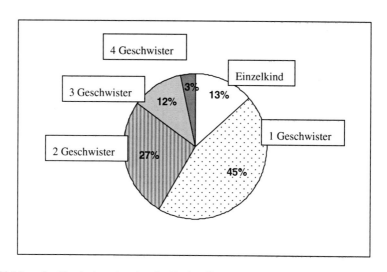

Abbildung 9: Geschwistersituation der Probandinnen (Prozent)

Bei der untersuchten Stichprobe handelt es sich um eine nicht-klinische Gruppe. Dies kann anhand des *Inventars zur Erfassung interpersonaler Probleme* (IIP-C; vgl. Kapitel 4.3.2), welches im Selbstbericht die interpersonalen Probleme in allgemeinen sozialen Kontexten misst, gezeigt werden. Der Vergleich der hier verwendeten studentischen Stichprobe mit der deutschen Normstichprobe (N=1335) zeigt, dass keine bedeutsamen Mittelwertsunterschiede zwischen beiden Stichproben bestehen (Horowitz et al., 1994). Die

Mittelwerte der Stichprobe dieser Arbeit liegen im Vergleich zur Normstichprobe alle innerhalb der Stanine 4-6. Stanine-Werte von 4-6 repräsentieren 54 Prozent der Normstichprobe und gelten üblicherweise als klinisch unauffällig. In Tabelle 5 sind die deskriptiven Statistiken der IIP-C Skalen für die Stichprobe dieser Arbeit und für die Normstichprobe dargestellt. Eine graphische Darstellung der Mittelwertsunterschiede befindet sich in Abbildung 10.

Tabelle 5:   *Mittelwerte (M) und Standardabweichungen (SD) auf den Skalen des IIP-C für die Untersuchungs- und Normstichprobe (Frauen; Altersgruppe 25 – 34 Jahre)*

IIP-C Skalen (ipsatiert)	N	M	SD	M Norm	SD Norm
zu autokratisch/dominant	98	-2,99	3,39	-3,17	4,25
zu streitsüchtig/konkurrierend	98	-3,28	3,15	-1,58	3,46
zu abweisend/kalt	98	-3,22	3,26	-1,05	3,53
zu introvertiert/sozial vermeidend	98	-0,51	4,08	0,95	3,77
zu selbstunsicher/unterwürfig	98	3,81	3,79	1,86	4,02
zu ausnutzbar/nachgiebig	98	3,41	3,60	2,14	3,85
zu fürsorglich/freundlich	98	3,42	3,24	1,95	3,54
zu expressiv/aufdringlich	98	-0,63	3,41	-1,10	4,09

Anmerkung: *Zum Vergleich mit der Normstichprobe werden die ipsatierten Mittelwerte verwendet*

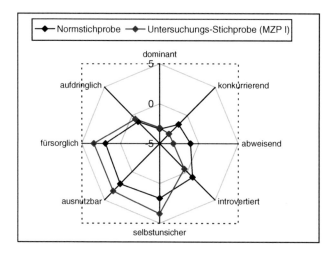

Abbildung 10: IIP-C Skalen für Norm- und Untersuchungsstichprobe (MZP I)

4.3 Erhebungsinstrumente

Im Folgenden werden die zwei zentralen Instrumente zur Erfassung der Position im Herkunftsfamiliensystem, das Beziehungsschema: Familienbild, und zur Erfassung des Beziehungsschemas, das allgemeine Sozialbild, vorgestellt. Die Probandinnen füllten die zwei Selbstauskunfts-Fragebogen vor dem Beginn der Vorbereitungsphase auf die Familienrekonstruktion (Prä-Messung) und ca. zwei Monate nach dem Ende des Gruppenprozesses (Postmessung) aus. Bei einer Teilstichprobe (41 Teilnehmerinnen) konnte eine weitere, mindestens ein Jahr nach dem Ende der Gruppenphase erhobene Messung durchgeführt werden (Katamnese).

4.3.1 PAFS-Q: Erfassung der Position im Herkunftsfamiliensystem (Beziehungsschema: Familienbild)

Wie sich die Probandinnen in ihrem Herkunftsfamiliensystem positioniert sehen, ob sie im von Williamson (1991) beschriebenen Intimitätsparadoxon gefangen sind oder inwiefern sie Unabhängigkeits- und Verbundenheitsbedürfnissen integrieren können, wird, vermittelt über das Konstrukt *Persönliche Autorität im Familiensystem,* mit dem Fragebogen PAFS-Q (Personal Authority in the Family System-Questionnaire, Bray et al., 1984) erhoben, in dem

73

aktuelle innerfamiliäre Beziehungen aus der Sicht der Berichtenden erfasst werden. Das Erreichen von Persönlicher Autorität im Familiensystem wird als individuelle und familiäre Entwicklungsaufgabe für mindestens drei Generationen angesehen (Vierzigmann, 1995). Die Probanden geben Auskunft darüber, wie sie ihre Beziehungen zur Kernfamilie (Beziehung zu Ehepartnern, Lebensgefährten, Kindern) und zur Herkunftsfamilie (Beziehung zu Mutter und Vater) zum gegenwärtigen Zeitpunkt wahrnehmen. Der PAFS-Q verfolgt das Ziel, zentrale Konzepte der intergenerationalen Familientheorie (Bowen, 1978; Carter & McGoldrick, 1998; Kerr & Bowen, 1988; Williamson, 1982) über acht Skalenkonfigurationen (132 Items) empirisch zu erfassen (eheliche und intergenerationale Fusion, eheliche und intergenerationale Intimität, Kernfamilien- und intergenerationale Triangulierung, intergenerationale Beeinflussung und Persönliche Autorität).

In der vorliegenden Untersuchung wurde die PAFS-Q Version für junge Erwachsene ohne Kinder (Williamson et al., 1985) in der deutschen Version (Vierzigmann, 1995) eingesetzt. Davon wurden die sechs Skalen berücksichtigt, mit denen die Beziehung zur Herkunftsfamilie abgebildet werden kann:

Die Skala intergenerationale *Intimität* (23 Items) misst die Güte der Beziehung zwischen den Probanden und ihren Eltern und die Zufriedenheit mit der Beziehung; als Gegenpol wird Isolation genannt. Intimität ist definiert als gewollte Nähe zwischen Personen bei klarer Abgrenzung des Selbst. Nähe, bei der die Möglichkeit zur Abgrenzung nicht gegeben ist, bezieht sich eher auf emotionale Fusion als auf Intimität.

Die hier gemessene Intimität hat einen starken interaktionalen Anteil, bei dem nicht nur gemessen wird, wie die Beziehung repräsentiert ist, sondern auch, wie sie sich auf der Handlungsebene konkret gestaltet. Die Items werden für Mutter und Vater getrennt beantwortet und zur intergenerationalen Intimität zusammengefasst.

Die Skala intergenerationale *Fusion* (8 Items) erfasst das Ausmaß, inwieweit die Probanden und ihre Eltern emotional miteinander verstrickt oder eben voneinander abgegrenzt sind. Fusion oder emotionale Verstrickung wurde als Gegenpol zu Individuation konzipiert, wobei Individuation dem Konzept der Selbstdifferenzierung nach Bowen (1978) und damit auch der Persönlichen Autorität am nächsten kommt. Die Fusion misst die intrapersonale emotionale Regulationsfähigkeit, sowie die Fähigkeit zur Selbstabgrenzung durch Übernahme von Selbstverantwortung und Vermeidung von übertriebener Verantwortungsübernahme für andere. Diese Items werden für die Eltern gemeinsam beantwortet.

Intergenerationale *Triangulierung* (8 Items; Gegenpol: Wenig Triangulierung) bezieht sich darauf, wie sehr eine Person empfindet, bei Konflikten zwischen den Eltern vermitteln zu müssen oder sich emotional zwischen den Eltern entscheiden zu müssen. Triangulierung ist insofern mit Fusion konzeptionell verwandt, als dass auch hier geringe Selbstdifferenzierung vorausgesetzt wird. Ein Unterschied ist, dass die Fusion eher dyadisch gerichtet ist, die Triangulierung aber immer zwischen drei Personen stattfindet. Dies bedingt, dass Triangulierung im Allgemeinen stressreicher erlebt wird als Fusion (Bowen, 1978; Carter & McGoldrick, 1998). Auch hier ist es sinnvoll, die Items für die Eltern gemeinsam zu beantworten.

Mit intergenerationaler *Beeinflussung* (8 Items), deren Gegenpol das Kernkonzept von Persönlicher Autorität darstellt, wird erfasst, wie sehr eine Person meint sich ändern zu müssen, um von den Eltern akzeptiert zu werden. Beeinflussung weist auf fehlende Individuation und Intimität hin und zeigt eine klare Hierarchie zwischen erwachsenen Kindern und deren Eltern auf. Auch die Skala Beeinflussung misst intrapersonale Anteile, nämlich darüber, welches Gewicht der Meinung der Eltern beigemessen wird.

Gleichzeitig fließen aber auch die konkreten Erwartungen der Eltern mit ein, so dass Beeinflussung stärker von der tatsächlichen Interaktion zwischen den Probanden und ihren Eltern abhängt, als Fusion oder Triangulierung. Bei der Skala Beeinflussung werden die Items wieder für Mutter und Vater getrennt beantwortet.

In der theoretischen Konzeption stellen die Skalen *Persönliche Autorität 1 und 2* (je 9 Items) den Gegenpol zu intergenerationaler Beeinflussung dar. Sie messen insbesondere interaktionale Aspekte des Gesamtkonzepts der Persönlichen Autorität. Gemessen wird, ob die Probanden über wichtige und intime Themen mit ihren Eltern sprechen (Persönliche Autorität 2) und wie angenehm ihnen das ist (Persönliche Autorität 1). Bei hohen Werten auf diesen Skalen kann von ausgehandelten Machtverhältnissen zwischen den Generationen ausgegangen werden. Es ist verwirrend, dass die beiden letztgenannten Skalen ebenso bezeichnet sind, wie das Gesamtkonzept Persönliche Autorität, das im PAFS-Q von allen sechs Skalen repräsentiert wird. Um der Verwirrung im folgenden Sprachgebrauch vorzubeugen, wird dann, wenn das Gesamtkonzept gemeint ist, von *Persönlicher Autorität* gesprochen und dann, wenn die Einzelskala Persönliche Autorität 1 oder 2 gemeint ist, von *Persönlicher Autorität in der Kommunikation* (Pers.Aut. 1 oder 2).

Bis auf die Einzelskala Persönliche Autorität in der Kommunikation 2, die ein dichotomes Antwortformat (ja-nein) besitzt, sind die Items des PAFS-Q fünfstufig likert-skaliert. Das fünfstufige Antwortformat bildet entweder Häufigkeiten ab (nie bis sehr oft), den Grad der Zustimmung (stimmt überhaupt nicht bis stimmt vollkommen) oder die Zufriedenheit (sehr unzufrieden bis sehr zufrieden; sehr unangenehm bis sehr angenehm). Die Skalen sind so konstruiert, dass hohe Werte für eine hohe Ausprägung der jeweiligen Skalenbezeichnung stehen. Dies wird im Fall von Intimität und Persönlicher Autorität in der Kommunikation positiv gewertet, im Fall von Fusion, Triangulierung und Beeinflussung negativ.

Folgende Tabelle 6 gibt einen Überblick über die Skalen und ihre inhaltliche Definition mit jeweils einem Beispiel-Item:

Tabelle 6:   *Fünf Skalen des PAFS-Q mit inhaltlicher Definition und Beispiel-Item*

PAFS-Q Skalen	Inhaltliche Definition
Intimität	Güte der Beziehung zu den Eltern und Zufriedenheit mit der Beziehung
	(Beispiel-Item: „Ich mache es meinen Eltern leichter mich zu verstehen, weil ich ihnen gewöhnlich sage, was ich denke und fühle.")
Fusion	Emotionale Nichtabgrenzung (vs. Abgrenzung) von den Eltern
	(Beispiel-Item: „Ich gerate meinen Eltern gegenüber oft so in Aufregung, dass ich nicht mehr klar denken kann.")
Triangulierung	Empfinden, bei Konflikten zwischen den Eltern vermitteln oder sich emotional zwischen den Eltern entscheiden zu müssen
	(Beispiel-Item: „Wenn Ihre Eltern unterschiedlicher Meinung sind, wie oft fühlen Sie sich dann „zwischen allen Stühlen"?")
Beeinflussung	Abhängigkeit des Selbstbildes von der Akzeptanz durch die Eltern
	(Beispiel-Item: „Um den Erwartungen meiner Mutter, was meinen Lebensstil betrifft, gerecht zu werden, müsste ich mein Verhalten ändern.")
Persönliche Autorität in der Kommunikation (Pers.Aut.)	Interaktionale Aspekte von Persönlicher Autorität anhand wichtiger Themen:
	Pers.Aut. 1: emotional
	(*Beispiel-Item:* „Wie angenehm ist es für Sie mit Ihrem Vater über Ihre unterschiedlichen Anschauungen, Werthaltungen, Einstellungen und Verhaltensweisen zu sprechen?")
	Pers.Aut. 2: Handlungsebene
	(*Beispiel-Item:* „Haben Sie mit Ihren Eltern über wirkliche oder in der Phantasie bestehende Familiengeheimnisse (...) gesprochen?")

4.3.2   IIP-C: Erfassung der Position in allgemeinen sozialen Kontexten (Beziehungsschema: Sozialbild)

Wie die Probandinnen ihre Position in allgemeinen sozialen Kontexten sehen, wird mit der Kurzform des *Inventars zur Erfassung interpersonaler Probleme* (IIP-C) (Horowitz et al., 1994) erfasst. Das Fragebogeninstrument wird zur individuellen Status- und Veränderungsdiagnostik in der klinischen und der

Persönlichkeitspsychologie eingesetzt. Vor dem Hintergrund des interpersonalen Ansatzes wird mit dem IIP-C Persönlichkeitsentwicklung oder – veränderung in einem zweidimensionalen Raum interpersonaler Bedürfnisse betrachtet.

Aufbauend auf dem Circumplex-Modell – ursprünglich von Leary (1957) auf der Basis von Sullivans Theorie der „reziproken Emotion" (Sullivan, 1953) entwickelt – wird postuliert, dass die Integration in einer interpersonalen Situation ein reziproker Prozess ist. Empirisch konnte gezeigt werden, dass sich alle interpersonalen Verhaltensweisen in einem dem Circumplex-Modell entsprechenden zweidimensionalen Raum anordnen lassen (Benjamin, 1974; Horowitz et al., 1994; Wiggins, 1979). Wobei die eine der beiden Dimensionen im Circumplex-Modell mit „Zuneigung" (feindseliges vs. freundliches Verhalten) und die andere Dimension mit „Kontrolle oder Dominanz" (dominierendes vs. unterwürfiges Verhalten) bezeichnet wird. Diese beiden Bezeichnungen sind nicht deckungsgleich zu „communion" und „agency". Vor allem das „agency"-Konzept ist wesentlich breiter, als die Kontroll- oder Dominanz-Dimension im Circumplex-Modell (vgl. hierzu Kapitel 2.3.2.2).

Da sich der interpersonale Ansatz eher des psychopathologischen Blickwinkels bedient, ist nachvollziehbar, dass zur Operationalisierung des Circumplex-Modells interpersonale Probleme im Mittelpunkt stehen. Ende der 1970er Jahre entwickelte hierzu Horowitz ein Programm zur Diagnose und Messung interpersonaler Probleme, das in der Veröffentlichung des „Inventory of Interpersonal Problems" (IIP, Horowitz, Rosenberg, Baer, Ureno & Villasenor, 1988) mündete. Damit wurden die Voraussetzungen geschaffen, Persönlichkeitsentwicklung mit dem Fokus auf Entwicklung in Beziehung (interpersonaler Aspekt) zu betrachten. Das IIP wurde 1987 von Strauß und Kordy (Horowitz et al., 1994) ins Deutsche übersetzt. In der vorliegenden Untersuchung wird die Kurzform des IIP (IIP-C, 64 Items) angewandt.

Im IIP-C werden die beiden Dimensionen von insgesamt acht Skalen (à acht Items) repräsentiert: Zu autokratisch/dominant, zu streitsüchtig/konkurrierend, zu abweisend/kalt, zu introvertiert/sozial vermeidend, zu selbstunsicher/unterwürfig, zu ausnutzbar/nachgiebig, zu fürsorglich/freundlich und zu expressiv/aufdringlich. Dabei sind die Skalenbezeichnungen – wie auch sonst bei faktorenanalytisch begründeten Persönlichkeitsinventaren – weniger theoretisch hergeleitet, sondern eher als ein prägnantes Kürzel für die Iteminhalte zu verstehen (Horowitz et al., 1994).

Die Items besitzen eine fünfstufige Likert-Skala (von 0=nicht bis 4=sehr) als Antwortformat. Die Itemrohwerte werden skalenweise aufsummiert. Die Skalen sind problemorientiert konstruiert, so dass eine Annäherung an die Maximalwerte der Skalen (8 Items x höchster Wert 4 = 32) für eine zu extreme Ausprägung der jeweiligen Eigenschaft steht und negativ zu deuten ist.

Tabelle 7 stellt zu jeder Skala zwei Beispiel-Items vor. Für den einfacheren Sprachgebrauch im Folgenden wird jeweils nur der unterstrichene der beiden beschreibenden Begriffe verwendet.

Tabelle 7:   *Die acht Skalen des IIP-C mit Beispiel-Items*

IIP-C Skalen	Beispiel-Items
zu autokratisch/ dominant	„Ich versuche zu sehr, andere zu verändern." „Es fällt mir schwer, Anweisungen von Personen entgegenzunehmen, die mir vorgesetzt sind."
zu streitsüchtig/ konkurrierend	„Es fällt mir schwer, anderen Menschen zu vertrauen." "Es fällt mir schwer, mich über das Glück eines anderen Menschen zu freuen."
zu abweisend/ kalt	„Es fällt mir schwer, anderen Menschen meine Zuneigung zu zeigen." "Es fällt mir schwer, jemand anderem zu verzeihen, nachdem ich ärgerlich war."
zu introvertiert/ sozial vermeidend	„Es fällt mir schwer, mich Gruppen anzuschließen." "Ich bin vor anderen Menschen zu verlegen."
zu selbstunsicher/ unterwürfig	„Es fällt mir schwer, andere wissen zu lassen, was ich will." Es fällt mir schwer, andere mit anstehenden Problemen zu konfrontieren."
zu ausnutzbar/ nachgiebig	„Es fällt mir schwer, mich mit jemand anderem zu streiten." „Ich lasse mich zu leicht von anderen überreden."
zu fürsorglich/ freundlich	„Es fällt mir schwer, anderen Grenzen zu setzen." "Ich stelle zu oft die Bedürfnisse anderer über meine eigenen."
zu expressiv/ aufdringlich	„Es fällt mir schwer, bestimmte Dinge für mich zu behalten." "Ich öffne mich anderen zu sehr."

5 Ergebnisse

In dem sich anschließenden Teil der Arbeit werden die Ergebnisse dieser Untersuchung berichtet. Nach der Darstellung der Reliabilitätsanalysen und der Skaleninterkorrelationen zu beiden Instrumenten werden die fakorenanalytischen Befunde zum PAFS-Q zur Klärung der ersten Hypothese vorgestellt. Zur Beantwortung der zweiten und dritten Fragestellung werden anschließend die Prä-Postvergleiche aus allgemeiner Perspektive betrachtet. Die Darstellung der Clusteranalyse über die Skalen des PAFS-Q und deren Ergebnisse schließt sich zur Klärung der vierten Frage an. Der Ergebnisbericht wird abgerundet durch die Vorstellung der Prä-Postergebnisse aus differentieller Perspektive, die Antworten auf die fünfte und sechste Fragestellung geben.

5.1 Reliabilitätsanalyse

Im Folgenden werden die Reliabilitätsüberprüfungen der zu den verschiedenen Messzeitpunkten vorgegebenen psychometrischen Erhebungsmethoden PAFS-Q und IIP-C berichtet. Angegeben werden jeweils die internen Konsistenzen mittels Cronbachs Alpha, die für den ersten Messzeitpunkt berechnet wurden. Als ausreichend zur Bewertung der internen Konsistenz wird ein Alpha von mindestens .60 angesehen. Wird dieser Wert nicht erreicht, ist die entsprechende Skala auszuschließen. Die Skalenzusammensetzung der beiden Messinstrumente musste nicht faktorenanalytisch bestätigt werden, da es sich in beiden Fällen um mehrfach validierte Verfahren handelt.

Eine Übersicht über die Alphas aller Skalen aus dem PAFS-Q und dem IIP-C findet sich in Tabelle 8.

5.1.1 PAFS-Q

Die 65 eingesetzten Items des PAFS-Q bilden sechs Skalen ab. Von allen Skalen erreicht lediglich das Konstrukt *Persönliche Autorität in der Kommunikation 2* (Pers.Aut. 2) mit einem Alpha von .51 nicht das gewünschte Mindestkriterium. Inhaltlich betrachtet ist die Inhomogenität dieser Skala verständlich, da es sich hier um eine Ergänzung der Skala *Persönliche Autorität in der Kommunikation 1* (Pers.Aut. 1) handelt. Während letztere abfragt, inwieweit es der Person angenehm ist, über private Angelegenheiten, Werthaltungen, Gefühle, etc. zu sprechen, erfasst die Ergänzung, ob die jeweiligen Probanden diese Gespräche bereits mit ihren Eltern geführt haben. Zudem besitzt diese Skala – im Gegensatz zu den anderen – ein dichotomes Antwortformat, welches die Wahrscheinlichkeit auf eine homogene Skalenbildung verringert. Da diese Skala inhaltlich weniger von Bedeutung ist, wurde sie für die weiteren Berechnungen ausgeschlossen.

Die verbleibenden fünf Konstrukte des PAFS-Q verfügen über sehr gute Konsistenzkoeffizienten, die zwischen .72 und .90 variieren. Die mittlere interne Konsistenz der für die folgenden Berechnungen verwendeten Skalen beträgt .81.

5.1.2 IIP-C

Das IIP-C besteht aus acht Subkonstrukten mit jeweils acht Items (insgesamt 64 Items). Alle Skalen verfügen über gute bis sehr gute interne Konsistenzen, die zwischen .66 und .86 liegen, bei einem mittleren Alpha von .75. Somit können alle Skalen bedenkenlos für die weiteren Analysen verwendet werden.

Tabelle 8:   Skalenanalytische Befunde für alle Skalen, Mittelwerte (M) und Standardabweichungen (SD), Cronbach's Alpha (α) und Anzahl der Items pro Skala (# Items)

Skala	M	SD	α	# Items
PAFS-Q				
Intimität	3,28	,59	.90	23
Fusion	2,68	,62	.72	8
Triangulierung	2,70	,85	.83	8
Beeinflussung	2,09	,71	.84	8
Pers.Aut. 1	2,67	,59	.78	9
Pers.Aut. 2	-	-	.51	9
IIP-C				
zu dominant	8,48	4,48	.75	8
zu konkurrierend	8,24	4,07	.70	8
zu abweisend	8,32	4,82	.76	8
zu introvertiert	10,94	6,16	.86	8
zu selbstunsicher	15,26	5,29	.80	8
zu ausnutzbar	14,83	4,82	.72	8
zu fürsorglich	14,86	5,38	.78	8
zu aufdringlich	10,91	4,48	.66	8

Anmerkung: N=96; für das IIP-C wurden die nichtipsatierten Mittelwerte verwendet.

5.2 Skaleninterkorrelationen

5.2.1 PAFS-Q

In Tabelle 9 sind die Skaleninterkorrelationen der fünf verwendeten PAFS-Q Skalen für die beiden Messzeitpunkte dargestellt. Für beide Messzeitpunkte ergeben sich ähnliche Zusammenhangsmuster. Fusion ist die Skala, die zu fast allen anderen Skalen durchgängig eine Korrelation von über .50 aufweist, mit Triangulierung und Beeinflussung in positiver Richtung, während zu Intimität und Persönlicher Autorität in der Kommunikation eine negative Korrelation besteht. Desweiteren zeigt sich ein hoher positiver Zusammenhang zwischen den beiden Skalen Intimität und Persönlicher Autorität in der Kommunikation. Die Stabilitäten der Skalen befinden sich in der Diagonalen und weisen mit Werten von .62 bis zu .76 hohe Werte auf.

Tabelle 9:   *PAFS-Q Skaleninterkorrelationen für MZP I und II*

	1	2	3	4	5
1 Intimität	(,76)	-,63	-,11	-,43	,52
2 Fusion	-,68	(,76)	,57	,52	-,54
3 Triangulierung	-,21	,51	(,73)	,43	-,30
4 Beeinflussung	-,45	,49	,32	(,75)	-,33
5 Pers.Aut. 1	,50	-,60	-,42	-,29	(,63)

Anmerkung: *Obere Diagonale MZP I; untere Diagonale MZP II. Grau hinterlegt: r>.50. In der Diagonale befinden sich die Korrelation der Skalen für MZP I und II.*

5.2.2 IIP-C

Die Skaleninterkorrelationen der acht IIP-C Skalen können in Tabelle 10 abgelesen werden. Für beide Messzeitpunkte finden sich die höchsten Korrelationen für die Skalen „zu abweisend" mit „zu introvertiert" und „zu selbstunsicher" mit „zu ausnutzbar bzw. zu fürsorglich". Ebenso wie beim PAFS-Q zeigen sich auch für das IIP-C hohe Stabilitäten zwischen den ersten beiden Messzeitpunkten (.57 bis .80).

Tabelle 10: IIP-C Skaleninterkorrelationen für MZP I und II

	1	2	3	4	5	6	7	8
1 zu dominant	(,71)	,68	,53	,41	,12	,17	,43	,60
2 zu konkurrierend	,56	(,67)	,66	,55	,15	,09	,36	,37
3 zu abweisend	,57	,66	(,75)	,73	,31	,24	,40	,27
4 zu introvertiert	,45	,44	,64	(,80)	,48	,31	,55	,26
5 zu selbstunsicher	,15	,22	,31	,51	(,63)	,74	,60	,29
6 zu ausnutzbar	,11	,03	,20	,39	,71	(,65)	,68	,47
7 zu fürsorglich	,45	,33	,43	,47	,57	,70	(,57)	,53
8 zu aufdringlich	,52	,29	,21	,19	,37	,41	,53	(,68)

Anmerkung: Obere Diagonale MZP I; untere Diagonale MZP II. Grau hinterlegt: r>.50.
In der Diagonale befinden sich die Korrelation der Skalen für MZP I und II.

5.3 Faktorenanalytische Befunde zum PAFS-Q

Aufgrund der hohen Interkorrelationen der fünf Primärskalen des PAFS-Q, die im vorherigen Abschnitt erläutert wurden, wurden faktorenanalytische Berechnungen durchgeführt, um gegebenenfalls globale Sekundärdimensionen zu extrahieren.

Diese Berechnungen dienen der Beantwortung von Fragestellung 1, in der der Frage nachgegangen wird, ob sich die Position der Probandinnen in ihren Herkunftsfamilien auch im zweidimensionalen Raum der Selbst- und Sozialentwicklung abbilden lässt. Es wird angenommen, dass sich die Zweidimensionalität von Selbstentwicklung und Entwicklung sozialer Integration bei der Darstellung der Position der Probandinnen in ihren Herkunftsfamilien auffinden lässt.

Als Extraktionsmethode wurde die Hauptkomponentenanalyse gewählt. Es erfolgte eine orthogonale Rotation (Varimax), um möglichst unabhängige latente Sekundärdimensionen zu erhalten.

Es wurden aufgrund theoretischer Überlegungen und aufgrund des Scree-Tests zwei Dimensionen extrahiert. Diese klären 74% der Gesamtvarianz auf. Nach der Rotation ergeben sich die folgenden Ladungen und Kommunalitäten der fünf Primärskalen auf den beiden Sekundärdimensionen (Tabelle 11).

Tabelle 11:   *Rotierte Komponentenmatrix – Faktorladungen und Kommunalitäten*

	1	2	Kommuna-litäten
Intimität	,92		,85
Pers.Aut. 1	,75	-,23	,79
Fusion	-,65	,61	,90
Triangulierung		,95	,56
Beeinflussung		-,42 ,62	,62

Anmerkung: *Die Hauptladungen der einzelnen Skalen auf den Faktoren sind fett gedruckt.*

Wie schon aus den Interkorrelationen der Primärskalen des PAFS-Q vermutet werden konnte, ist die Skala Fusion diejenige, die über die undeutlichste Zuordnung zu einem der beiden Faktoren verfügt. Sie lädt auf beiden Dimensionen hoch, wird aber aufgrund theoretischer Überlegungen dem zweiten Faktor zugeordnet. Damit lässt sich der erste Faktor beschreiben als eine Dimension, die sich vor allem auszeichnet durch eine hohe Intimität im Herkunftsfamiliensystem bei gleichzeitig hoher Persönlicher Autorität in der Kommunikation (und geringer Fusion). Diese Dimension bildet ab, was Williamson (1991) als die eine Seite des „Intimacy Paradox" beschreibt: Wichtiges mit Anderen in intimen Beziehungen teilen zu wollen. Dadurch, dass die Intimität sowohl die Güte der Beziehung als auch die Zufriedenheit mit der Beziehung beinhaltet und mit der Persönlichen Autorität in der Kommunikation gefragt wird, wie angenehm schwierige Kommunikation ist, werden auf dieser Dimension zusätzlich Aspekte der interpersonalen Seite der Selbstdifferenzierung nach Bowen (Kerr & Bowen, 1988) codiert: Die Nähe-Distanz-Regulation. Eingeordnet in das Entwicklungsschema der Selbst- und Sozialentwicklung repräsentiert diese Dimension eher die Integration im Herkunftsfamiliensystem, erweitert um Nähe-Distanz-Regulationsfähigkeiten. Der Faktor wird benannt: *Verbundenheit vs. Distanzierung.* Der zweite Faktor umfasst hauptsächlich die Skala Triangulation im Herkunftsfamiliensystem, aber auch Fusion und Beeinflussung. Der Gegenpol dazu lässt sich beschreiben als die zweite Seite des Williamsonschen Intimitätsparadoxons: Emotionale Freiheit und Selbstbestimmung. Er repräsentiert gleichzeitig die intrapersonale Seite der Selbstdifferenzierung und die Fähigkeit zur emotionalen Regulation. Auf dieser Ebene findet Selbst-, Autonomie- und Identitätsentwicklung statt. Die Dimension wird im Folgenden als *Selbstdifferenzierung vs. emotionale Verstrickung* bezeichnet.

Somit können jeder Probandin zwei Werte für die jeweiligen latenten Dimensionen Verbundenheit und Selbstdifferenzierung zugewiesen werden. Um den Stand der Probandinnen in ihrem Herkunftssystem im Folgenden zu beschreiben, kann damit sowohl auf die fünf Werte der Primärskalen des PAFS-Q zurückgegriffen werden, als auch zusätzlich auf zwei Werte für die Sekundärdimensionen. Diese wurden für alle Messzeitpunkte durch eine Mittelwertsbildung der zugehörigen Skalen zum jeweiligen Faktor errechnet.

Insgesamt kann damit die erste Fragestellung als bestätigt gelten: Die Zweidimensionalität Selbstentwicklung und Entwicklung sozialer Integration lässt sich bei der Darstellung der Position der Probandinnen in ihren Herkunftsfamilien faktorenanalytisch auffinden.

5.4 Prä-Postvergleiche auf allgemeiner Ebene

Im nachfolgenden Abschnitt werden nach klassischer Verfahrensweise die Ergebnisse der Prä-Postvergleiche der Probandinnen dargestellt. Diese beziehen sich auf die beiden Fragebogenverfahren PAFS-Q und IIP-C, die sowohl in Form einer Basismessung vor Beginn der Intervention der Familienrekonstruktion gegeben wurden, als auch einige Wochen nach dieser. Somit liegt zwischen den beiden Erhebungszeitpunkten ein durchschnittliches Zeitfenster von ca. acht Monaten.

Um statistisch sinnvolle Aussagen über die Veränderungsmessungen treffen zu können, muss zunächst gewährleistet sein, dass beide Instrumente an sich über eine hohe Retest-Reliabilität verfügen. Wäre dies nicht der Fall, so könnte man bei den Veränderungen nicht darauf schließen, dass sie auf die Intervention zurückzuführen sind. Für den PAFS-Q werden Stabilitätswerte von .55 bis .95 berichtet, mit einer mittleren Retest-Reliabilität von .75 (Bray et al., 1984). Für das IIP-C liegen weniger aussagekräftige Befunde vor, da sich die im Manual berichteten Kennwerte lediglich auf eine Stichprobe von 33 Versuchspersonen beziehen. Diese weisen einen Range von .81 (zu streitsüchtig/konkurrierend) bis .90 (zu ausnutzbar/nachgiebig) auf (Horowitz et al., 1994). Somit kann davon ausgegangen werden, dass es sich tendenziell um – zumindest über gewisse Phasen hinweg – stabile Merkmale der Person handelt und signifikante Veränderungen vom ersten zum zweiten Messzeitpunkt partiell auf die Familienrekonstruktion und die damit verbundenen Konsequenzen auf die individuelle Entwicklung zurückgeführt werden können.

Generell muss hier angemerkt werden, dass das Ziel dieser Analysen nicht die Evaluation der therapeutischen Intervention ist. Es geht vielmehr um die Beschreibung der Entwicklungsschritte, die bei den Probandinnen aufgrund der Familienrekonstruktion angestoßen werden. Somit liegt das Ziel der im Folgenden dargestellten Prä-Post-Vergleiche nicht in der Effektivitätsmessung des Verfahrens, sondern in der Verfolgung der Entwicklung der Probandinnen.

Zum statistischen Nachweis wurden Varianzanalysen mit Messwiederholung berechnet. Als feste Faktoren diente der Messzeitpunkt, als abhängige Variablen wurden jeweils die zu untersuchenden Skalen der beiden Erhebungsinstrumente auf Mittelwertunterschiede zwischen der Prä- und Postmessung untersucht.

5.4.1 PAFS-Q

In diesem Abschnitt geht es um die Beantwortung der Fragestellung 2: Verändern sich die unterschiedlichen Variablen, die die Persönliche Autorität im Herkunftsfamiliensystem ausmachen, im Verlauf der Untersuchung bei den Probandinnen? Dabei wird in Hypothese 2.1 angenommen, dass im Verlauf der Untersuchung ein Selbstdifferenzierungsprozess verstärkt wird. Daraus folgt, dass die intergenerationale emotionale Verstrickung (Fusion, Triangulierung, Beeinflussung) in der Wahrnehmung der Probandinnen abnehmen. Hypothese 2.2 besagt, dass der Aspekt der Persönlichen Autorität, der am ehesten für ausgehandelte Machtverhältnisse zwischen den Generationen steht (innere Souveränität im Gespräch), im Verlauf der Untersuchung zunimmt. Es wird weiter in Hypothese 2.3 angenommen, dass die Intimität in der Beziehung zu den Eltern im Rahmen eines normalen Entwicklungsprozesses im fortgeschrittenen frühen Erwachsenenalter leicht abnimmt.

Im Folgenden werden die varianzanalytischen Ergebnisse der PAFS-Q Skalen dargestellt, in denen der Messzeitpunkt jeweils als fester Faktor fungierte. Es werden die Mittelwertunterschiede der Gesamtstichprobe von 102 Frauen insgesamt betrachtet.

In Tabelle 12 sind die deskriptiven Statistiken der PAFS-Q Skalen für beide Messzeitpunkte dargestellt, während Tabelle 13 die Signifikanzen der Mittelwertvergleiche aufzeigt. Eine graphische Darstellung der Mittelwertunterschiede befindet sich in Abbildung 11.

Tabelle 12:   *Mittelwerte (M), Standardabweichungen (SD) und Standardfehler (SE) der PAFS-Q Skalen für die Prä- und Postmessung (MZP I und MZP II)*

PAFS-Q Skalen		N	M	SD	SE
Intimität					
	Prä	102	3,27	,59	,06
	Post	96	3,40	,58	,06
Fusion					
	Prä	102	2,67	,62	,06
	Post	96	2,62	,63	,06
Triangulierung					
	Prä	102	2,70	,85	,08
	Post	95	2,73	,70	,07
Beeinflussung					
	Prä	102	2,09	,71	,07
	Post	96	2,12	,75	,08
Pers.Aut. 1					
	Prä	102	2,67	,59	,06
	Post	96	2,86	,56	,06

Tabelle 13:   *Varianzanalyse der Prä-Post-Vergleiche im PAFS-Q – Zwischensubjekteffekte MZP I und II*

Abhängige Variable	F	Sig.	Part. Eta²
Intimität	2,15	,14	,01
Fusion	,35	,55	,00
Triangulierung	,08	,78	,00
Beeinflussung	,10	,76	,00
Pers.Aut. 1	5,24	,02	,03

Anmerkung: *Grau hinterlegt: p<.05.*

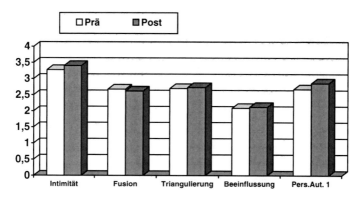

Abbildung 11: PAFS-Q Skalen für zwei Messzeitpunkte (Prä-Post)

Es zeigt sich, dass sich lediglich die Mittelwerte der Skala Persönliche Autorität in der Kommunikation zwischen den beiden Messzeitpunkten signifikant unterscheiden ($p<.02$), während alle anderen Skalen keine bedeutsamen Veränderungen aufweisen. Für die Persönliche Autorität in der Kommunikation ergibt sich ein Anstieg vom ersten zum zweiten Messzeitpunkt.

Somit muss bezogen auf die Hypothesenüberprüfung festgestellt werden, dass sich die emotionale Verstrickung (Fusion, Triangulierung, Beeinflussung) zwischen den Probandinnen und ihren Eltern entgegen der Erwartung nicht signifikant verringert hat (Hypothese 2.1) und somit nicht als bestätigt gelten kann. Das gleiche gilt für die Erwartung über den Abfall der Intimität im Herkunftsfamiliensystem (Hypothese 2.3). Demgegenüber erhöht sich die Persönliche Autorität in der Kommunikation der Probandinnen signifikant, d.h. Hypothese 2.2 wird positiv angenommen.

Obwohl zwei der drei aufgestellten Hypothesen zunächst nicht bestätigt werden konnten, ist dieses Ergebnis nicht unerwartet. Bei den gemessenen Dimensionen handelt es sich um Persönlichkeitsmerkmale, die als charakteristische Adaptationen oder Umgangsstrategien definiert, immer noch als relativ stabil einzuschätzen sind (hohe Retest-Reliabilitäten). So wird nicht erwartet, dass es innerhalb weniger Monate zu sehr großen Veränderungen kommt. Es wird vielmehr davon ausgegangen, dass zu diesem Zeitpunkt ausschließlich erste Tendenzen erkennbar werden. Aus der zugrundeliegenden Veränderungstheorie heraus betrachtet, beschreiben diese ersten Tendenzen, wie sehr sich die Systeme der Probandinnen durch die Familienrekonstruktionen stören lassen. Ob die angestoßenen Aktivierungen und Veränderungen von den Systemen als vorübergehende Störungen verarbeitet werden, ohne deren Attraktoren zu verändern oder ob neue Beziehungsschemata ausgebildet werden, kann erst einige Zeit nach dem Gruppenprozess sichtbar werden.

Um eine langfristige und größere Veränderung feststellen zu können, muss ein weiterer Messzeitpunkt hinzugezogen werden. Von einer Teilstichprobe (n=41) der Probandinnen, von denen die ersten beiden Messzeitpunkte erhoben wurden, konnten die beiden Erhebungsverfahren auch für einen dritten Messzeitpunkt durchgeführt werden. Der Zeitpunkt der Katamnese lag zwischen einem und maximal vier Jahren nach der Familienrekonstruktion. In Abbildung 12 können die Verläufe der PAFS-Q Skalen eingesehen werden.

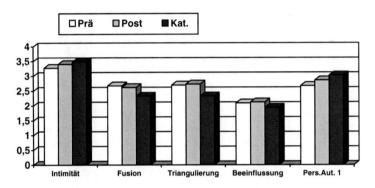

Abbildung 12: PAFS-Q Skalen für 3 Messzeitpunkte (Prä-Post-Katamnese)

Es lässt sich erkennen, dass sich die zwischen den ersten beiden Messzeitpunkten berichtete Erhöhung der Persönlichen Autorität in der Kommunikation auch in der Katamnese zeigt, was demnach noch deutlicher für eine Bestätigung von Hypothese 2.2 spricht. Das gleiche gilt für die Skala Intimität im Herkunftsfamiliensystem, welches den Erwartungen von Hypthese 2.3 entgegensteht. Genau diese beiden Skalen formieren nach den faktorenanalytischen Berechnungen den Faktor Verbundenheit, der damit im Verlauf der Messzeitpunkte ansteigt. Die drei Skalen des Faktors emotionale Verstrickung verringern sich im Laufe der Zeit, was besonders für die Fusion und die Triangulierung im Herkunftsfamiliensystem gilt, während sich der Einfluss eher gering verändert. Umcodiert betrachtet erhöht sich damit die Selbstdifferenzierung. Insgesamt zeichnet sich eine Tendenz in Richtung einer Bestätigung von Hypothese 2.1 ab.

5.4.2   IIP-C

Nachdem die Veränderungen der Positionen im Herkunftsfamiliensystem von Messzeitpunkt 1 zu 2 dargestellt wurden, geht es im Folgenden um die Fragestellung 3, ob sich eine potentielle Entwicklungsrichtung hin zu mehr Persönlicher Autorität auch innerhalb anderer Bezugssysteme feststellen lässt.

Konkreter wird angenommen, dass sich Transfereffekte potentieller Entwicklungsschritte im Herkunftsfamiliensystem auch im Kontext anderer Beziehungssysteme darstellen lassen. Das bedeutet, dass von einer Abnahme interpersonaler Probleme auf den Skalen des IIP-C ausgegangen wird.

Für die Gesamtstichprobe werden die varianzanalytischen Ergebnisse der IIP-C Skalen mit dem Messzeitpunkt als jeweils festem Faktor dargestellt.

In Tabelle 14 sind die deskriptiven Statistiken der IIP-C Skalen für beide Messzeitpunkte dargestellt, während Tabelle 15 die Signifikanzen der Mittelwertvergleiche aufzeigt. Eine graphische Darstellung der Mittelwertunterschiede befindet sich in Abbildung 13. Es werden die Summen-Werte der acht Skalen berichtet. Wie bereits in Kapitel 4.3.2 beschrieben, sind die Skalen so konstruiert, dass eine Annäherung an die Maximalwerte der Skala (8 Items x 4 Antwortkategorien = 32) für eine zu extreme Ausprägung der jeweiligen Eigenschaft steht und eher negativ zu deuten ist.

Tabelle 14: *Mittelwerte (M), Standardabweichungen (SD) und Standardfehler (SE) der IIP-C Skalen für die Prä- und Postmessung (MZP I und MZP II)*

IIP-C Skalen		N	M	SD	SE
zu dominant					
	Prä	102	3,27	,59	,06
	Post	96	3,40	,58	,06
zu konkurrierend					
	Prä	102	2,67	,62	,06
	Post	96	2,62	,63	,06
zu abweisend					
	Prä	102	2,70	,85	,08
	Post	95	2,73	,70	,07
zu introvertiert					
	Prä	102	2,09	,71	,07
	Post	96	2,12	,75	,08
zu selbstunsicher					
	Prä	102	2,67	,59	,06
	Post	96	2,86	,56	,06
zu ausnutzbar					
	Prä	102	2,70	,85	,08
	Post	95	2,73	,70	,07
zu fürsorglich					
	Prä	102	2,09	,71	,07
	Post	96	2,12	,75	,08
zu aufdringlich					
	Prä	102	2,67	,59	,06
	Post	96	2,86	,56	,06

Tabelle 15:   *Varianzanalyse der Prä-Post-Vergleiche im IIP-C – Zwischensubjekteffekte*
MZP I und II

Abhängige Variable	F	Sig.	Part. Eta²
zu dominant	,99	,32	,01
zu konkurrierend	,05	,83	,00
zu abweisend	,34	,56	,00
zu introvertiert	,91	,34	,01
zu selbstunsicher	5,34	,02	,03
zu ausnutzbar	8,66	,00	,05
zu fürsorglich	5,41	,02	,03
zu aufdringlich	2,98	,09	,02

Anmerkung: *Grau hinterlegt: p<.05*

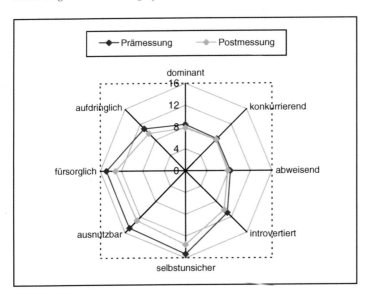

Abbildung 13: IIP-C Skalen für zwei Messzeitpunkte (Prä-Post)

Für die ersten beiden Messzeitpunkte ergeben sich für die folgenden drei Skalen signifikante Unterschiede (Tabelle 14 und 15): Auf der Skala „zu selbstunsicher" werden zum zweiten Messzeitpunkt signifikant geringere

Werte angegeben. Das gleiche gilt für die Skalen „zu ausnutzbar" und „zu fürsorglich". Die Dimension „zu aufdringlich" verfehlt nur knapp das Signifikanzniveau. In den anderen vier Bereichen gibt es keine bedeutsamen Veränderungen. Hypothese 3 gilt also in Teilen als bestätigt.

Auch hier lässt sich – ähnlich wie bei den allgemeinen Ergebnissen des PAFS-Q – anmerken, dass die gemessenen Dimensionen Persönlichkeitsmerkmale darstellen, die als relativ stabil einzuschätzen sind. So werden auch beim IIP-C keine großen Veränderungen innerhalb der ersten Monate erwartet. Ob sich erste Tendenzen festigen oder verstärken und ob neue Beziehungsschemata ausgebildet werden, kann erst einige Zeit nach dem Gruppenprozess sichtbar werden.

Zudem weisen die Ausgangswerte der Skalen, die keine Veränderungen zeigen, von vorne herein auf wenig interpersonale Probleme der Probandinnen hin. Wenn man die Mittelwerte dieser Stichprobe mit der Normstichprobe vergleicht (vgl. Tabelle 5 und Abbildung 10 in Kapitel 4.2), gilt das insbesondere für die Skalen „zu konkurrierend" und „zu abweisend".

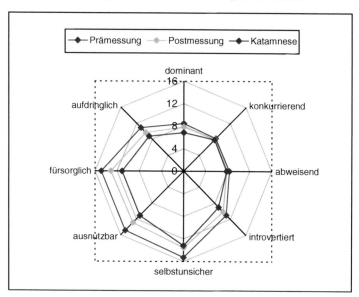

Abbildung 14: IIP-C Skalen für drei Messzeitpunkte (Prä-Post-Katamnese)

Um langfristige Veränderungen feststellen zu können, muss der dritte Messzeitpunkt (Katamnese) der Teilstichprobe (n=41) hinzugezogen werden, der auch für das IIP-C durchgeführt wurde. In Abbildung 14 können die Verläufe der IIP-C Skalen eingesehen werden.

Bis auf die beiden Skalen „zu konkurrierend" und „zu abweisend", bei denen von Beginn an sehr wenig interpersonale Probleme berichtet werden, erkennt man für alle Skalen im Verlauf der drei Messzeitpunkte eine Verringerung der Werte. Der signifikante Mittelwertunterschied der drei Skalen „selbstunsicher", „ausnutzbar" und „fürsorglich" scheint sich tendenziell in der Katamnese weiter zu verstärken. Damit kann von einer Abnahme allgemeiner interpersonaler Probleme ausgegangen werden. Insgesamt kann also Hypothese 3, ob sich mehr Persönliche Autorität im Herkunftsfamiliensystem auf andere Beziehungssysteme übertragen lässt, bestätigt werden.

5.5 Clusteranalyse über die PAFS-Q Skalen

Im nachfolgenden Kapitel soll Fragestellung 4 geklärt werden. Es wird der Frage nachgegangen, ob sich die Probandenstichprobe in Abhängigkeit von ihrer Ausgangsposition im Herkunftsfamiliensystem (PAFS-Q Skalen) clustern lässt. Daran anschließend soll explorativ untersucht werden, inwiefern sich potentielle Cluster in den Dimensionen des PAFS-Q und des IIP-C unterscheiden.

Die clusteranalytischen Berechnungen wurden unter Rückgriff auf die Statistiksoftware ClustanGraphics Version 6 (Wishart, 2003) durchgeführt. Es wird in zwei Schritten vorgegangen: Zunächst erfolgt eine hierarchisch-agglomerative Analyse auf der Basis des Ward'schen Algorithmus. Aufgrund der Verzerrungstendenzen der Ward-Methode erfolgt im zweiten Schritt eine Optimierung der Clusterzentren mittels der k-means Prozedur. Sämtliche Schätzungen greifen auf die Bootstrap-Technik zurück (Bortz, 1999). Diese simuliert auf der Grundlage der vorliegenden empirischen Stichprobe sehr viele Zufallsstichproben (meist 100 und mehr), je nach Wahl mit oder ohne Zurücklegen. Für die so entstandenen randomisierten Daten werden jeweils clusteranalytische Berechnungen durchgeführt. Um nun die Anzahl der auszuwählenden Cluster festzustellen, werden diejenigen Clusterlösungen als potentiell passend eruiert, die überzufällig häufig resultieren. Dieser Sachverhalt ist in der so genannten Fusionierungsgraphik abgebildet (Abbildung 15).

Der rot gefärbte Bereich weist auf die Clusterlösungen hin, die insgesamt überzufällig generiert wurden. Es gilt zusätzlich, dass je breiter der Bereich ist, desto überzufälliger die Lösung. In diesem Fall variiert das Spektrum der wahrscheinlichen Lösungen zwischen einer 4- und 7-Cluster Lösung mit vergleichbarer Überzufälligkeit.

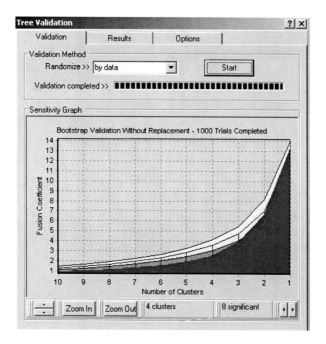

Abbildung 15: Fusionierungsgraphik der potentiell passenden Clusterlösungen

In Tabelle 16 ist die gekürzte Zuordnungsübersicht (tree validation) wieder gegeben. Es wurden die mittleren Clusterlösungen ausgelassen und durch „..." ersetzt. Die optimale Clusteranzahl nach der Ward-Methode ergibt sich aus der Differenz der Anfangscluster (hier n=49) und der Anzahl, *hinter* der sich der Fusions-Koeffizient sprunghaft erhöht, welcher in der zweiten Spalte abgelesen werden kann.

Tabelle 16:   Tree Validation – Ergebnisse

Cluster	Fusion Values	Cumul. ESS	Random Means	Cumul. ESS	Absolute ESS	Random Diff.	STD Errors	t-Statistics
49	0,07	2,20	0,02	2,15	-0,05	0,00	0,00	0,00
48	0,08	2,28	0,04	2,19	-0,03	0,00	0,00	0,00
...	...	...	...	...	...	...	...	...
10	0,93	13,13	1,28	16,32	0,34	0,16	2,17	68,59
9	0,97	14,11	1,47	17,79	0,49	0,18	2,66	84,12
8	1,15	15,26	1,70	19,49	0,55	0,22	2,47	78,24
7	1,32	16,58	1,98	21,47	0,66	0,26	2,48	78,37
6	1,50	18,09	2,36	23,84	0,86	0,31	2,72	86,00
5	1,93	20,02	2,88	26,72	0,95	0,39	2,43	76,81
4	2,55	22,57	3,62	30,34	1,06	0,51	2,07	65,65
3	3,94	26,52	4,78	35,13	0,84	0,73	1,15	36,44
2	6,68	33,21	7,00	42,13	0,31	1,15	0,27	8,55
1	13,32	46,53	12,45	54,59	-0,87	1,54	-0,56	-17,87

Anmerkung: Fett kursiv gedruckt ist der Schritt, nach dem der erste große Differenzwert zwischen Koeffizienten zweier Schritte erscheint.

Ein entscheidender Anstieg der Differenz ist nach Cluster 5 zu beobachten. Das bedeutet, dass man vier Cluster extrahieren sollte. Die mittels der Ward-Methode generierten Clusterzentren wurden in der Clusterzentrenanalyse (k-means) als Anfangslösung vorgegeben und optimiert.

Um aus den vielen möglichen und generierten 4-Cluster Lösungen die Endlösung zu selektieren, wurde die Reproduzierbarkeit der jeweiligen Lösungen als Kriterium herangezogen. Für diese Arbeit wurde die Endlösung 191-mal generiert und besaß damit eine Reproduzierbarkeit von 19% (Euklidisches Distanzmaß = 20,88).

Die resultierenden Clusterzentren für die endgültige Lösung können in Tabelle 17 abgelesen bzw. in Abbildung 16 angeschaut werden.

Tabelle 17:   Clusterzentren und Clusterbezeichnungen

Cluster	Var. 1 Intimität	Var. 2 Fusion	Var. 3 Triangulierung	Var. 4 Beeinflussung	Var. 5 Pers.-Aut.1	Clusterbezeichnung
1	3,87	1,85	1,95	1,47	3,15	differenziert-verbunden
2	3,34	2,76	3,02	2,15	2,96	mod. verstrickt-verbunden
3	2,94	2,85	2,11	2,02	2,29	mod. differenziert-distanziert
4	2,85	3,32	3,77	2,82	2,07	verstrickt-distanziert

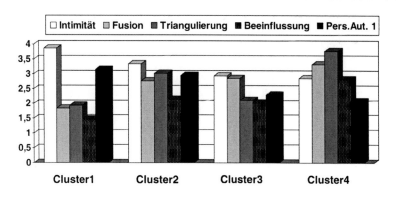

Abbildung 16: Ausprägungen der PAFS-Q Skalen für die vier Cluster

Die Cluster werden im Folgenden anhand ihrer Ausprägungen auf den fünf PAFS-Q Skalen dargestellt. Dabei wird vor allem auf die extremen Werte eingegangen. Die Beschreibung der vier Gruppen wird durch eine Zuweisung zu den Sekundärdimensionen a) Verbundenheit vs. Distanz und b) Selbstdifferenzierung vs. emotionale Verstrickung aus Kapitel 5.3 ergänzt. Anschließend werden die Cluster benannt:

Cluster 1 wird beschrieben durch wenig Fusion, Triangulierung und Beeinflussung bei gleichzeitig viel Intimität und Persönliche Autorität in der Kommunikation. Auf der Ebene der Sekundärdimensionen zeigt sich bei diesem Cluster die höchste Differenzierung (oder die geringste Verstrickung) und die höchste Verbundenheit. Die Gruppe wird demnach benannt => *differenziert und verbunden.*

Cluster 2 wird beschrieben durch überdurchschnittliche Triangulierung bei durchschnittlicher Fusion und Beeinflussung und viel Persönlicher Autorität in der Kommunikation gekoppelt mit durchschnittlicher Intimität. Auf den Sekundärdimensionen kann damit von leichter Verstrickung und gewissen Einschränkungen der Verbundenheit ausgegangen werden. Die Gruppe erhält die Bezeichnung => *moderat verstrickt und eingeschränkt verbunden.*

Cluster 3 weist geringe Triangulierung bei durchschnittlicher Fusion und Beeinflussung auf, einhergehend mit wenig Intimität und wenig Persönlicher Autorität in der Kommunikation. Auf den Sekundärdimensionen betrachtet kann bei dieser Gruppe – im Vergleich zum Cluster 2 – durch geringere Triangulierung von mehr Differenzierung ausgegangen werden. Auf der Dimension Verbundenheit allerdings sind die Werte gering, d.h. das Cluster 3 ist eher charakterisiert durch Distanzierung. Daraus resultiert die Bezeichnung => *moderat differenziert und distanziert.*

Cluster 4 wird beschrieben durch wenig Intimität und Persönliche Autorität in der Kommunikation bei gleichzeitig viel Fusion, Triangulierung und Beeinflussung. Im Gegensatz zum Cluster 1 zeigt sich bei diesem Cluster auf der Ebene der Sekundärdimensionen die geringste Differenzierung (oder die höchste Verstrickung) und die geringste Verbundenheit. Die Gruppe wird demnach benannt => *verstrickt und distanziert.*

Mit Hilfe der folgenden Abbildung 17 – zunächst ohne Berücksichtigung der konkreten Werte – soll die potentielle Position der vier Cluster im zweidimensionalen Raum der Sekundärdimensionen Verbundenheit und Selbstdifferenzierung veranschaulicht werden.

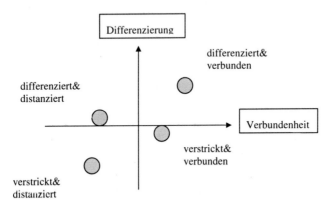

Abbildung 17: Angenommene Position der vier Cluster und deren Bezeichnung im zweidimensionalen Raum der Sekundärdimensionen

Tabelle 18 zeigt die Zuordnungsverhältnisse der Probandinnen zu den vier Clustern: Die Gesamtstichprobe von 102 Probandinnen zum ersten Messzeit-

punkt verteilt sich relativ gleichmäßig auf die vier Cluster (jeweils zwischen 20 und 34 Personen).
Die Mittelwerte der PAFS-Q Skalen pro Cluster sind in Tabelle 19 dargestellt.

Tabelle 18:   Anzahl der Probandinnen pro Cluster

Cluster	Häufigkeit	Prozent	Kumulierte Prozente
differenziert - verbunden	24	23,5	23,5
moderat verstrickt - verbunden	34	33,3	56,9
moderat differenziert - distanziert	24	23,5	80,4
verstrickt - distanziert	20	19,6	100,0
Gesamt	102	100,0	

Tabelle 19:   Deskriptive Daten für die PAFS-Q Skalen pro Cluster

PAFS-Q Skalen	Clusterbezeichnung	M	SD
Intimität			
	differenziert – verbunden	3,87	,51
	moderat verstrickt – verbunden	3,34	,42
	moderat differenziert – distanziert	2,94	,41
	verstrickt – distanziert	2,85	,50
Fusion			
	differenziert – verbunden	1,84	,29
	moderat verstrickt – verbunden	2,76	,31
	moderat differenziert – distanziert	2,85	,39
	verstrickt – distanziert	3,32	,48
Triangulierung			
	differenziert – verbunden	1,95	,48
	moderat verstrickt – verbunden	3,01	,41
	moderat differenziert – distanziert	2,10	,53
	verstrickt – distanziert	3,77	,60
Beeinflussung			
	differenziert – verbunden	1,47	,38
	moderat verstrickt – verbunden	2,15	,57
	moderat differenziert – distanziert	2,02	,66
	verstrickt – distanziert	2,82	,59
Pers.Aut. 1			
	differenziert – verbunden	3,15	,41
	moderat verstrickt – verbunden	2,96	,42
	moderat differenziert – distanziert	2,29	,37
	verstrickt – distanziert	2,07	,41

Zu Validierungszwecken wurden einfaktorielle Varianzanalysen mit den 4 Clustern als Gruppierungsfaktor und den PAFS-Q Skalen als abhängigen Variablen berechnet. Im Vordergrund stehen die Scheffé-Tests als Post-hoc-Verfahren, um zu zeigen, in welchen der jeweiligen Skalen signifikante Unterschiede zwischen den Gruppen bestehen. Die gesamte Varianzanalyse wurde erwartungsgemäß für jede der fünf PAFS-Q Skalen signifikant. Auf eine Darstellung wird an dieser Stelle verzichtet, da die Berechnung als Teil einer Multivariaten Varianzanalyse in Kapitel 5.6.1 dargestellt wird (vgl. Tabelle 24). Im Folgenden werden lediglich die differenzierten Post-hoc-Tests dargestellt (Tabelle 20). Dabei repräsentieren die gleichen Buchstabenbezeichnungen nicht signifikante Mittelwertsunterschiede der jeweiligen Cluster in der PAFS-Q Skala.

Tabelle 20:   *Darstellung der Post-hoc-Tests für die Cluster pro PAFS-Q Skala*

PAFS-Q Skalen	differenziert-verbunden	verstrickt-verbunden	differenziert-distanziert	verstrickt-distanziert
Intimität	a	b	c	c
Fusion	a	b	b	c
Triangulierung	a	b	a	c
Beeinflussung	a	b	b	c
Pers.Aut. 1	a	a	b	b

Anmerkung: *Gleiche Buchstaben repräsentieren nicht signifikante Mittelwertsunterschiede pro Skala*

Die so berechneten Mittelwertsunterschiede zwischen den Clustern unterstreichen die bisherigen Beschreibungen der Cluster und bestätigen die Wahl der Clusterbezeichnungen. Es gibt diejenigen (differenziert-verbunden), die auf allen Skalen ihre Position im Herkunftsfamiliensystem sehr positiv einschätzen. Dann gibt es diejenigen (verstrickt-distanziert), deren Selbsteinschätzung auf allen Skalen im negativen Bereich liegt. Dazwischen rangieren eine eher verbundene und eine distanzierte Gruppe, die sich dahingehend unterscheiden, dass die Werte der Verbundeneren für Triangulierung höher sind, als die der distanzierteren Gruppe.

Zur besseren Beschreibung der Cluster, mit dem Nebeneffekt einer externen Validierung der Clusterung, wurden einfaktorielle Varianzanalysen mit den 4 Clustern als Gruppierungsfaktor und den IIP-C Skalen als abhängigen Variablen berechnet. Auch hier stehen im Vordergrund die Scheffé-Tests als Post-hoc-Verfahren, um zu zeigen, in welchen der jeweiligen Skalen signifikante

Unterschiede zwischen den Gruppen bestehen. Die gesamte Varianzanalyse wurde für sieben der acht IIP-C Skalen signifikant, daher werden wiederum nur die differenzierten Post-hoc-Tests dargestellt. Die zur Interpretation notwendigen Mittelwerte der IIP-C Skalen pro Cluster sind in Tabelle 22 dargestellt. Die gleichen Buchstabenbezeichnungen der folgenden Tabelle 21 repräsentieren nichtsignifikante Mittelwertsunterschiede der jeweiligen Cluster in der IIP-C Skala.

Tabelle 21:   *Darstellung der Post-hoc-Tests für die Cluster pro IIP-C Skala*

IIP-C Skalen	differenziert-verbunden	verstrickt-verbunden	differenziert-distanziert	verstrickt-distanziert
zu dominant	a	c	b	c
zu konkurrierend	a	b	b	b
zu abweisend	a	b	c	c
zu introvertiert	a	b	c	d
zu selbstunsicher	a	a	b	c
zu ausnutzbar	a	b	b	c
zu fürsorglich	a	a	a	b
zu aufdringlich	a	a	a	a

Anmerkung: *Gleiche Buchstaben repräsentieren nichtsignifikante Mittelwertsunterschiede pro Skala.*

Tabelle 22: Deskriptive Daten für die IIP-C Skalen pro Cluster

IIP-C Skalen	Clusterbezeichnung	M	SD
zu dominant			
	differenziert – verbunden	5,30	3,21
	moderat verstrickt – verbunden	10,55	4,33
	moderat differenziert – distanziert	7,61	4,18
	verstrickt – distanziert	9,70	4,16
zu konkurrierend			
	differenziert – verbunden	4,87	3,27
	moderat verstrickt – verbunden	9,61	3,85
	moderat differenziert – distanziert	8,33	3,99
	verstrickt – distanziert	9,75	3,19
zu abweisend			
	differenziert – verbunden	5,07	3,61
	moderat verstrickt – verbunden	8,42	4,96
	moderat differenziert – distanziert	8,82	4,04
	verstrickt – distanziert	11,45	4,58
zu introvertiert			
	differenziert – verbunden	7,17	5,61
	moderat verstrickt – verbunden	10,02	5,28
	moderat differenziert – distanziert	11,86	5,09
	verstrickt – distanziert	15,80	6,07
zu selbstunsicher			
	differenziert – verbunden	13,33	5,80
	moderat verstrickt – verbunden	14,24	4,95
	moderat differenziert – distanziert	15,71	4,50
	verstrickt – distanziert	18,85	4,46
zu ausnutzbar			
	differenziert – verbunden	13,55	5,14
	moderat verstrickt – verbunden	14,45	4,24
	moderat differenziert – distanziert	14,22	4,71
	verstrickt – distanziert	17,65	4,69
zu fürsorglich			
	differenziert – verbunden	12,17	5,49
	moderat verstrickt – verbunden	14,64	5,06
	moderat differenziert – distanziert	14,30	3,97
	verstrickt – distanziert	18,95	5,12
zu aufdringlich			
	differenziert – verbunden	9,47	4,24
	moderat verstrickt – verbunden	11,48	4,00
	moderat differenziert – distanziert	10,65	5,28
	verstrickt – distanziert	11,90	4,36

Ähnlich wie bei der Beschreibung der Cluster anhand der PAFS-Q Skalen, werden im Cluster mit der positivsten Position im Herkunftsfamiliensystem (differenziert-verbunden), die eigenen interpersonalen Probleme auf allen Skalen sehr gering eingeschätzt. Diejenigen, deren Position den Eltern gegenüber schwierig ist (verstrickt-distanziert), beurteilen auch ihre Position in unspezifischen Beziehungskonstellationen als durchgehend recht problematisch. Sie sehen sich vor allem zu defensiv-unsicher: Nämlich zu introvertiert, zu selbstunsicher, zu ausnutzbar und zu fürsorglich. Insbesondere ist die Beschreibung der beiden übrigen Cluster, die auch bei der Beschreibung interpersonaler Probleme im Mittelfeld liegen, zur besseren Differenzierung interessant. Die eingeschränkt Verbundenen mit höherer Triangulierung beschreiben mehr Probleme im Bereich „zu dominant", dafür weniger in den Bereichen „zu abweisend", „zu introvertiert" und „zu selbstunsicher" als die moderat differenziert Distanzierten.

Mittels der clusteranalytischen Berechnungen sollte die Fragestellung 4 geklärt werden, in der es darum ging herauszufinden, ob sich die Probandenstichprobe in Abhängigkeit von ihrer Ausgangsposition im Herkunftsfamiliensystem (PAFS-Q Skalen) clustern lässt. Dies konnte anschaulich anhand neuester Statistiksoftware gezeigt werden. Zusammenfassend kann man sagen, dass sich die Cluster hauptsächlich in ihrem Grad an bereits errungener Selbstdifferenzierung und in ihrer Verbundenheit mit dem Herkunftsfamiliensystem unterscheiden. Daher werden die Cluster auch als differenziert - verbunden, moderat verstrickt - eingeschränkt verbunden, moderat differenziert - distanziert und verstrickt - distanziert benannt.

5.6   Prä-Postvergleiche unter differentieller Perspektive

In Kapitel 5.4 wurden die Ergebnisse der varianzanalytischen Mittelwertsvergleiche der Prä-Postmessung über die gesamte Stichprobe dargestellt. Die Hypothesen 2.1 (Abnahme von emotionaler Verstrickung) und 2.3 (Abnahme von Intimität) sowie partiell die Hypothese 3.1 (Transfer in allgemeine Beziehungskontexte) konnten durch eine allgemeine Betrachtung der Prä-Postmessung nicht bestätigt werden. Die Bestätigung zu unterscheidender Positionen der Teilnehmerinnen in ihrem Herkunftsfamiliensystem durch den Nachweis von vier Clustern zeigt, dass sich eine differentielle Betrachtungsweise der Veränderungsmessung anbietet. So lässt sich vermeiden, dass Mittelwertsunterschiede nicht signifikant erscheinen, weil sie sich gegenseitig aufheben.

Im Folgenden sollen die Prä-Postvergleiche erneut berechnet werden, dieses Mal allerdings getrennt für die jeweiligen Cluster. Es wird in explorativer Form der Frage nachgegangen, ob sich die vier Gruppen (differenziert - verbunden, moderat verstrickt - eingeschränkt verbunden, moderat differenziert -

distanziert und verstrickt - distanziert) in unterschiedlicher Weise zwischen den Messzeitpunkten verändern. Dies wird für den PAFS-Q auf der Ebene der Primärskalen und auf der Ebene der Sekundärfaktoren sowie für das IIP-C durchgeführt.

5.6.1 PAFS-Q: Entwicklung auf der Ebene der Primärskalen

In diesem Abschnitt soll Fragestellung 5 beantwortet werden. Es handelt sich dabei um die explorative Frage, ob sich die Veränderungen der Persönlichen Autorität im Herkunftsfamiliensystem im Verlauf der Untersuchung bei den Probandinnen auch differentiell darstellen lassen, d.h. ob sich in Abhängigkeit von der Clusterzugehörigkeit unterschiedliche Entwicklungsrichtungen im Bereich der Persönlichen Autorität nachweisen lassen.

Es liegen Daten für alle Cluster und alle Messzeitpunkte für eine Stichprobe von 95 Probandinnen vor. Berechnet wurde eine Multivariate Varianzanalyse (Manova) mit den fünf PAFS-Q Skalen als abhängige Variablen und den Messzeitpunkten, der Clusterzugehörigkeit sowie der Interaktion Messzeitpunkte x Clusterzugehörigkeit als unabhängige Variable.

Der Multivariate Test (berechnet mittels Pillai-Spur, Wilks-Lambda und Hotelling-Spur) insgesamt wurde signifikant für alle frei Faktoren: Den Messzeitpunkt ($p<.03$), die Clusterzugehörigkeit ($p<.00$) und die Interaktion ($p<.04$).

In Tabelle 23 sind die deskriptiven Statistiken der PAFS-Q Skalen für beide Messzeitpunkte dargestellt. Die sich ergebenen Zwischensubjekteffekte für die einzelnen abhängigen Variablen können in Tabelle 24 abgelesen werden. Es handelt sich dabei um bezeichnende Effekte der Gruppierungsvariablen für die abhängigen Variablen. Wie zu erkennen ist, zeigt sich für den Haupteffekt Messzeitpunkt lediglich für die Persönliche Autorität in der Kommunikation eine signifikante Veränderung. Dies ist eine Replikation der Ergebnisse aus Kapitel 5.4.1. Der Faktor Clusterzugehörigkeit wirkt sich auf alle fünf PAFS-Q Skalen hoch signifikant aus. Der Interaktionseffekt wird lediglich für die Skala Triangulierung in der Herkunftsfamilie statistisch bedeutsam.

Tabelle 23: Mittelwerte (M), Standardabweichungen (SD) und Standardfehler (SE) der PAFS-Q Skalen differenziert für die vier Cluster (Prä- und Postmessung)

Cluster 1: differenziert - verbunden		N	M	SD	SE
Intimität	Prä	24	3,87	,51	,10
	Post	22	3,88	,48	,10
Fusion	Prä	24	1,84	,28	,05
	Post	22	1,93	,48	,10
Triangulierung	Prä	24	1,95	,48	,09
	Post	22	2,15	,43	,09
Beeinflussung	Prä	24	1,47	,38	,07
	Post	22	1,52	,35	,07
Pers.Aut.1	Prä	24	3,15	,40	,08
	Post	22	3,13	,49	,10
Cluster 2: mod. verstrickt - verbunden					
Intimität	Prä	34	3,34	,41	,07
	Post	31	3,46	,52	,09
Fusion	Prä	34	2,76	,30	,05
	Post	31	2,67	,40	,07
Triangulierung	Prä	34	3,01	,41	,07
	Post	30	2,84	,58	,10
Beeinflussung	Prä	34	2,15	,57	,09
	Post	31	2,24	,70	,12
Pers.Aut.1	Prä	34	2,96	,41	,07
	Post	31	3,06	,44	,07
Cluster 3: mod. differenziert - distanziert					
Intimität	Prä	24	2,94	,40	,08
	Post	24	3,21	,51	,10
Fusion	Prä	24	2,85	,39	,07
	Post	24	2,80	,61	,12
Triangulierung	Prä	24	2,10	,53	,10
	Post	24	2,57	,57	,11
Beeinflussung	Prä	24	2,02	,66	,13
	Post	24	1,96	,59	,12
Pers.Aut.1	Prä	24	2,29	,37	,07
	Post	24	2,73	,54	,11
Cluster 4: verstrickt - distanziert					
Intimität	Prä	20	2,85	,50	,11
	Post	19	2,98	,42	,09
Fusion	Prä	20	3,32	,47	,10
	Post	19	3,11	,41	,09
Triangulierung	Prä	20	3,77	,59	,13
	Post	19	3,43	,61	,14
Beeinflussung	Prä	20	2,82	,59	,13
	Post	19	2,84	,70	,16
Pers.Aut.1	Prä	20	2,07	,41	,09
	Post	19	2,39	,49	,11

Tabelle 24:   *Tests der Zwischensubjekteffekte für die PAFS-Q Skalen*

Quelle	Abhängige Variable	F	Sig.	Part. Eta²
Mzp				
	Intimität	3,71	,06	,02
	Fusion	1,08	,30	,01
	Triangulierung	,24	,62	,00
	Beeinflussung	,08	,77	,00
	Pers.Aut.1	10,47	,00	,05
aclu4				
	Intimität	35,14	,00	,36
	Fusion	75,37	,00	,55
	Triangulierung	72,05	,00	,53
	Beeinflussung	37,20	,00	,37
	Pers.Aut.1	40,87	,00	,39
mzp * aclu4				
	Intimität	,64	,59	,01
	Fusion	,87	,46	,01
	Triangulierung	5,53	,00	,08
	Beeinflussung	,18	,91	,00
	Pers.Aut.1	2,42	,07	,04

Um die Effekte inhaltlich interpretieren zu können, wurden für jedes Cluster T-Tests für alle PAFS-Q Skalen berechnet, von denen im Folgenden nur die signifikanten berichtet werden. Einen Überblick über die Mittelwertunterschiede zwischen den Messzeitpunkten pro Cluster gibt Tabelle 25 (siehe auch Tabellen 26 bis 28).

Tabelle 25:   *Überblick über die signifikanten Prä-Post-Veränderungen der PAFS-Q Skalen pro Cluster*

	Veränderungen auf den PAFS-Q Skalen von MZP I zu MZP II
Cluster 1: differenziert-verbunden	Keine
Cluster 2: verstrickt-verbunden	Tendenziell weniger Triangulierung
Cluster 3: differenziert-distanziert	Mehr Intimität, mehr Persönliche Autorität in der Kommunikation, mehr Triangulierung
Cluster 4: verstrickt-distanziert	Weniger Fusion und Triangulierung, tendenziell mehr Intimität und signifikant mehr Persönliche Autorität in der Kommunikation

Für die beiden verbundenen Cluster ergeben sich vom ersten zum zweiten Messzeitpunkt kaum Veränderungen in den PAFS-Q Skalen. Die differenziert Verbunden weisen keinerlei signifikante Veränderungen auf, die moderat verstrickt, eingeschränkt Verbundenen zeigen eine Tendenz hin zu weniger Triangulierung im Herkunftsfamiliensystem zum zweiten Messzeitpunkt.

Für die anderen beiden Cluster ergeben sich wesentlich mehr Veränderungen. Auf der Skala Intimität werden bei beiden zum zweiten Messzeitpunkt höhere Werte berichtet, wobei es sich bei Cluster 4 lediglich um eine Tendenz handelt. Desweiteren zeigen beide zum zweiten Messzeitpunkt einen signifikanten Anstieg in der Skala Persönliche Autorität in der Kommunikation. Unterschiede ergaben sich für die Facette Triangulierung: Während die moderat differenziert Distanzierten einen Anstieg aufweisen, zeigt sich für die Gruppe der verstrickt Distanzierten ein signifikanter Abfall der Werte. Fusion wird nur für die letztgenannte Gruppe signifikant, es ergibt sich ebenfalls eine Senkung vom ersten zum zweiten Messzeitpunkt.

Tabelle 26:   *T-Test bei gepaarten Stichproben für Cluster 2 (moderat verstrickt – eingeschränkt verbunden), Triangulierung*

	M	SD	T	df	Sig. (2-seitig)
Triangulierung, MZP I	3,00	,39	1,96	30	,06
Triangulierung, MZP II	2,85	,58			

Anmerkung: *N=31.*

Tabelle 27: *T-Test bei gepaarten Stichproben für Cluster 3 (moderat differenziert - distanziert), Intimität, Triangulierung, Persönliche Autorität in der Kommunikation*

	M	SD	T	df	Sig. (2-seitig)
Intimität, MZP I	2,92	,41	-2,71	22	,01
Intimität, MZP II	3,21	,52			
Triangulierung, MZP I	2,11	,54	-3,88	22	,00
Triangulierung, MZP II	2,54	,58			
Pers.Aut.1, MZP I	2,29	,38	-3,88	22	,00
Pers.Aut.1, MZP II	2,73	,52			

Anmerkung: N=23.

Tabelle 28: *T-Test bei gepaarten Stichproben für Cluster 4 (verstrickt - distanziert), Fusion, Intimität, Triangulierung, Persönliche Autorität in der Kommunikation*

	M	SD	T	df	Sig. (2-seitig)
Fusion, MZP I	3,31	,48	2,55	18	,02
Fusion, MZP II	3,11	,41			
Intimität, MZP I	2,83	,50	-2,02	18	,06
Intimität, MZP II	2,98	,42			
Triangulierung, MZP I	3,72	,56	2,12	18	,05
Triangulierung, MZP II	3,43	,61			
Pers.Aut.1, MZP I	2,06	,41	-3,19	18	,01
Pers.Aut.1, MZP II	2,39	,49			

Anmerkung: N=19.

Bezogen auf die explorative Fragestellung 5, kann zunächst bestätigt werden, dass sich in Abhängigkeit von der Clusterzugehörigkeit unterschiedliche Entwicklungswege im Bereich der Persönlichen Autorität nachweisen lassen. Genauer lässt sich das folgendermaßen darstellen:

Cluster 1: Die Gruppe derjenigen, die differenziert und verbunden sind, sehen ihre Position ihren Eltern gegenüber vor der Familienrekonstruktion vergleichbar mit ihrer Position nach der Familienrekonstruktion. Damit können für diese Gruppe die Hypothesen 2.1 bis 2.3 (Verringerung der emotionalen Verstrickung, Verringerung der Intimität und Erhöhung der Persönlichen Autorität in der Kommunikation) nicht bestätigt werden.

Cluster 2: Für die leicht verstrickt, eingeschränkt Verbundenen lassen sich weder eine Reduzierung der Intimität, noch eine Erhöhung der Persönlichen Autorität in der Kommunikation bestätigen (Hypothese 2.3 und 2.2). Allerdings zeichnet sich für diese Gruppe eine leichte Verringerung der emotionalen Verstrickung (Hypothese 2.1) ab.

Cluster 3: Für die Gruppe der leicht differenzierten aber distanzierten Teilnehmerinnen bestätigt sich Hypothese 2.1 nicht. Emotionale Verstrickung reduziert sich nicht, sondern es wird von mehr Triangulierung berichtet. Allerdings wird Hypothese 2.2 bestätigt. Diese Gruppe gewinnt substantiell Persönliche Autorität in der Kommunikation. Entgegen der Hypothese 2.3 wächst auch die Intimität im Herkunftsfamiliensystem.

Cluster 4: Für diese Gruppe der verstrickten und distanzierten Teilnehmerinnen lassen sich die Veränderungshypothesen der Fragestellung 2 am ehesten bestätigen. Die ausgeprägte emotionale Verstrickung wird deutlich reduziert (weniger Fusion und Triangulierung) und die innere Souveränität im Gespräch nimmt deutlich zu (Gewinn an Persönlicher Autorität in der Kommunikation). Die Tendenz in Richtung mehr Intimität bei dieser Gruppe steht allerdings, wie bei allen anderen Gruppen, Hypothese 2.3 entgegen.

Insgesamt wird Hypothese 5 (unterschiedliche Entwicklung) bestätigt. Hypothese 2.1 (Abnahme emotionaler Verstrickung) trifft für die leicht und für die stark verstrickten Teilnehmerinnen zu, während sich Hypothese 2.2 (Persönliche Autorität in der Kommunikation) für die beiden distanzierten Gruppen als bedeutsam erweist. Bei keiner der Gruppen nimmt die Intimität im Herkunftsfamiliensystem ab (Hypothese 2.3).

5.6.2 PAFS-Q: Entwicklung auf der Ebene der Sekundärdimensionen

Zur besseren graphischen Darstellung und Bewertung wird die Beschreibung der unterschiedlichen Entwicklungswege der vier Gruppen auf den PAFS-Q Skalen durch eine Zuweisungen zu den Sekundärdimensionen a) Verbundenheit vs. Distanz und b) Emotionale Verstrickung vs. Selbstdifferenzierung aus Kapitel 5.3 ergänzt. Die Sekundärdimensionen wurden für alle Messzeitpunkte durch eine standardisierte Mittelwertsbildung der zugehörigen Skalen zum jeweiligen Faktor errechnet. Die Mittelwerte der Sekundärdimensionen pro Cluster sind für MZP I und II in Tabelle 29 dargestellt.

Tabelle 29: *Mittelwerte (M), Standardabweichungen (SD) und Standardfehler (SE)*
der PAFS-Q Dimensionen, differenziert für die vier Cluster (Prä- und
Postmessung)

		N	M	SD	SE
Cluster1: differenziert-verbunden					
Verbundenheit vs. Distanz	Prä	24	,91	,58	,11
	Post	22	,66	,72	,15
Differenzierung vs. Verstrickung	Prä	24	-1,03	,34	,07
	Post	22	-,91	,47	,10
Cluster2: mod. verstrickt-verbunden					
Verbundenheit vs. Distanz	Prä	34	,30	,51	,08
	Post	31	,23	,69	,12
Differenzierung vs. Verstrickung	Prä	34	,20	,33	,05
	Post	30	,14	,56	,10
Cluster3: mod. differenziert-distanziert					
Verbundenheit vs. Distanz	Prä	24	-,61	48	,09
	Post	24	-,28	,80	,16
Differenzierung vs. Verstrickung	Prä	24	-,17	,37	,07
	Post	24	-,05	,46	,09
Cluster4: verstrickt-distanziert					
Verbundenheit vs. Distanz	Prä	20	-,87	,62	,14
	Post	19	-,79	,58	,13
Differenzierung vs. Verstrickung	Prä	20	1,11	,53	,12
	Post	19	,91	,56	,13

Für die Interpretation der Ergebnisse ist zu beachten, dass die Bildung der
Mittelwerte in Richtung Verstrickung weist. Das heißt, dass die in der Tabelle
angegebenen positiven Werte den Grad der Verstrickung angeben, während
die negativen Werte den Grad der Differenzierung beziffern. Eine graphische
Darstellung der Mittelwertsunterschiede zunächst nur für den MZP I befindet
sich in Abbildung 18. Damit wird quasi den Clustern eine Position im zweidimensionalen Raum zwischen Differenzierung und Verbundenheit zugewiesen. In der nächsten Abbildung 19 werden dann die Mittelwerte beider Messzeitpunkte gezeigt. Die nicht ausgefüllten Kreise stellen dabei den ersten
Messzeitpunkt dar, die ausgefüllten Kreise geben die Position der Probandinnen nach der Familienrekonstruktion an.

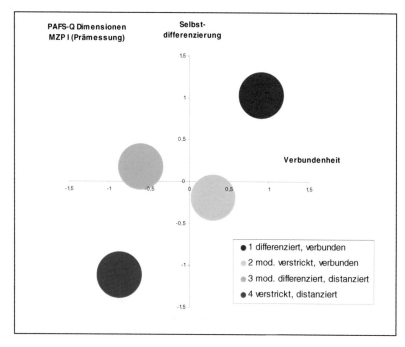

Abbildung 18: Darstellung der Position der Cluster im zweidimensionalen Raum des PAFS-Q (MZP I)

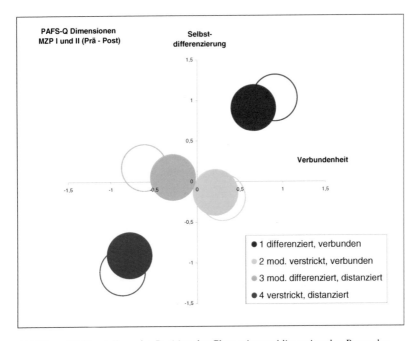

Abbildung 19: Darstellung der Position der Cluster im zweidimensionalen Raum des PAFS-Q als Prä-Post-Vergleich; nicht ausgefüllte Kreise (MZP I), ausgefüllte Kreise (MZP II)

Bei der Betrachtung der graphischen Veranschaulichung der Mittelwerte beider Messzeitpunkte für die Cluster im zweidimensionalen Raum fällt auf, dass die moderat verstrickt Verbundenen (Cluster 2), wie bei der Betrachtung der Skalen schon beschrieben, ihre vorherige Position im Herkunftsfamiliensystem nicht verändert sehen. Ihre Position im guten Mittelfeld zwischen den Polen der beiden Dimensionen bleibt bestehen. Die differenziert Verbundenen (Cluster 1), für die auf Skalenebene auch keine Veränderung erkennbar war, relativieren bei der Betrachtung der graphischen Veranschaulichung scheinbar ihre positive Position etwas. Cluster 3 (moderat differenziert, distanziert) bestätigt in der Graphik das, was auf Skalenebene deutlich wurde: Mehr Verbundenheit, aber auch geringfügig mehr Verstrickung. Für die verstrickt Distanzierten lässt sich anhand der Graphik, nicht ganz so deutlich wie auf Skalenebene, insbesondere ein Zugewinn an Differenzierung aber auch an Verbundenheit beschreiben.

Ob sich diese Effekte auch nachweisen lassen, soll eine Multivariate Varianzanalyse (Manova) mit den zwei PAFS-Q Dimensionen als abhängige Variablen und den Messzeitpunkten, der Clusterzugehörigkeit sowie der Interaktion Messzeitpunkte x Clusterzugehörigkeit als unabhängige Variablen zeigen.

Der multivariate Test (berechnet mittels Pillai-Spur, Wilks-Lambda und Hotelling-Spur) wurde insgesamt nur für den Faktor Clusterzugehörigkeit ($p < .00$) signifikant.

In Tabelle 30 können die sich ergebenden Zwischensubjekteffekte für die einzelnen abhängigen Variablen abgelesen werden. Es handelt sich dabei um bezeichnende Effekte der Gruppierungsvariablen für die abhängigen Variablen. Wie zu erkennen ist, zeigen sich nur für den Haupteffekt Clusterzugehörigkeit hoch signifikante Ergebnisse. Allerdings deuten sich für die Interaktion mittels des partiellen Eta² insbesondere für Verbundenheit (.03) Prä-Posteffekte an.

Tabelle 30: Tests der Zwischensubjekteffekte für die PAFS-Q Dimensionen

Quelle Abhängige Variable	F	Sig.	Part. Eta²
Mzp			
Verbundenheit vs. Distanz	,06	,81	,00
Differenzierung vs. Verstrickung	,01	,94	,00
aclu4			
Verbundenheit vs. Distanz	56,92	,00	,48
Differenzierung vs. Verstrickung	134,96	,00	,68
mzp * aclu4			
Verbundenheit vs. Distanz	1,78	,15	,03
Differenzierung vs. Verstrickung	1,28	,28	,02

Um solche Tendenzen besser zeigen zu können, wurden für jedes Cluster T-Tests für die beiden PAFS-Q Dimensionen berechnet, von denen im Folgenden nur die signifikanten berichtet werden. Einen Überblick über die Mittelwertsunterschiede zwischen den Messzeitpunkten pro Cluster gibt folgende Tabelle 31 (siehe auch Tabelle 32 und 33).

Tabelle 31: Überblick über die signifikanten Prä-Post-Veränderungen der PAFS-Q Dimensionen pro Cluster

	Veränderungen auf den PAFS-Q Dimensionen von MZP I zu MZP II
Cluster 1: differenziert-verbunden	weniger Verbundenheit
Cluster 2: verstrickt-verbunden	Keine
Cluster 3: differenziert-distanziert	mehr Verbundenheit
Cluster 4: verstrickt-distanziert	Keine

Tabelle 32: T-Test bei gepaarten Stichproben für Cluster 1 (differenziert - verbunden), Verbundenheit vs. Distanz

	M	SD	T	df	Sig. (2-seitig)
Verbundenheit, MZP I	,96	,59	2,50	21	,02
Verbundenheit, MZP II	,66	,73			

Anmerkung. N=22

Tabelle 33: T-Test bei gepaarten Stichproben für Cluster 3 (moderat differenziert - distanziert), Verbundenheit vs. Distanz

	M	SD	T	df	Sig. (2-seitig)
Verbundenheit, MZP I	-,62	,50	-2,21	22	,04
Verbundenheit, MZP II	-,28	,82			

Anmerkung. N=23

Rein rechnerisch lässt sich die eben erfolgte Beschreibung der Abbildung 19 folgendermaßen spezifizieren: Die Relativierung der positiven Position des Cluster 1 bestätigt sich für die Verbundenheit. Diese Teilnehmerinnen lassen sich im zweidimensionalen Raum als etwas weniger verbunden beschreiben, während die moderat verstrickt Distanzierten (Cluster 3) deutlich mehr Verbundenheit beschreiben. Cluster 2 (moderat verstrickt – verbunden) und Cluster 4 (verstrickt – distanziert) bleiben unverändert, obwohl für die Teilnehmerinnen mit schwieriger Position im Herkunftsfamiliensystem (Cluster 4) auf Skalenebene eine deutliche Reduktion emotionaler Verstrickung betrachtet werden konnte. So ergänzen diese Ergebnisse die Skalenergebnisse, zeigen aber manches nicht auf, weil sie auf der Ebene der Sekundärdimensionen sehr komprimiert erscheinen.

Um die Ergebnisse auf beiden Ebenen, der der Primärskalen und der der Sekundärdimensionen, als langfristige und größere Veränderungen auch im Sinne einer Attraktoränderung zu bestätigen, muss wiederum der dritte katamnestische Messzeitpunkt, der für eine Teilstichprobe (n=41) erhoben wurde, hinzugezogen werden. In Abbildung 20 sind die Veränderungen vom ersten Messzeitpunkt (Prä) zur Katamnese der PAFS-Q Dimensionen dargestellt.

Da bei der Berechnung einer multivariate Varianzanalyse (Manova) mit den zwei Sekundärdimensionen als abhängige Variablen und den Messzeitpunkten, der Clusterzugehörigkeit sowie der Interaktion Messzeitpunkte x Clusterzugehörigkeit als unabhängige Variablen die Zellbesetzung der verschiedenen Cluster für die Katamnese (MZP III) stark variiert und in einem Fall sogar unter 10 liegt, wird auf die statistische Überprüfung der Mittelwerte verzichtet. Es wird eher auf deskriptiver Ebene eine Verlaufsbeschreibung inhaltlich bedeutsamer Mittelwertsunterschiede angestrebt.

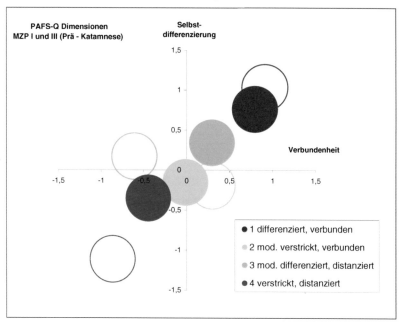

Abbildung 20: Darstellung der Position der Cluster im zweidimensionalen Raum des PAFS-Q als Prä-Katamnese-Vergleich; nicht ausgefüllte Kreise (MZP I), ausgefüllte Kreise (MZP III)

Für die beiden verbundenen Cluster (Cluster 1 und 2) zeigen sich auch zum katamnestischen Zeitpunkt keine bedeutsamen Veränderungen ihrer Position im Herkunftsfamiliensystem. Auf der Grundlage der bisher berichteten Ergebnisse lassen sich augenscheinlich für die differenziert Verbundenen (Cluster 1) höchstens eine leichte Verringerung von Verbundenheit und Differenzierung aufzeigen. Die moderat verstrickt, eingeschränkt Verbundenen (Cluster 2) zeigen auch weniger Verbundenheit, aber eher mit Tendenz zu mehr Differenzierung. Für die anderen beiden Cluster verstärken sich in der Katamnese die Ergebnisse der Prä-Postveränderungen. Die Distanzierten mit recht differenzierter Position (Cluster 3) entwickeln insbesondere deutlich mehr Verbundenheit. Die in der Postmessung bewusst gewordene Verstrickung (etwas mehr Triangulierung) fällt in der Katamnese nicht mehr ins Gewicht. Auf der Annahme eines universellen Entwicklungsweges hin zu mehr Differenzierung und Verbundenheit hätte das Cluster 3 das Cluster 2 tendentiell überholt und könnte als moderat differenziert - moderat verbunden beschrieben werden. Für das Cluster 4 (verstrickt – distanziert), dessen Prä-Postveränderung auf der Ebene der Dimensionen nicht signifikant wurden, verstärken sich die Prä-Postergebnisse auf der Ebene der PAFS-Q Skalen erheblich. Die Katamnese zeigt wesentlich mehr Differenzierung ebenso wie mehr Verbundenheit. Bei beiden distanzierten Clustern (Cluster 3 und 4) haben sich augenscheinlich die Attraktoren verändert: Die moderat differenziert Distanzierten sind nicht mehr distanziert und die stark emotional verstrickt Distanzierten sind nur noch moderat verstrickt.

5.6.3   IIP-C

In diesem Abschnitt soll die Fragestellung 6 beantwortet werden. Dabei geht es – analog zur Fragestellung 5 – um die explorative Frage, ob sich auf differentieller Ebene, d.h. separat betrachtet für die Cluster, ein Transfer möglicher Persönlichkeitsentwicklung in den Kontext anderer Bezugssysteme feststellen lässt.

Berechnet wurde zunächst eine multivariate Varianzanalyse (Manova) mit den acht IIP-C Skalen als abhängige Variablen und den Messzeitpunkten, der Clusterzugehörigkeit sowie der Interaktion Messzeitpunkte x Clusterzugehörigkeit als unabhängige Variablen. Der multivariate Test insgesamt (berechnet mittels Pillai-Spur, Wilks-Lambda und Hotelling-Spur) wurde nur für die Clusterzugehörigkeit ($p<.00$) signifikant.

In Tabelle 34 sind die deskriptiven Statistiken der IIP-C Skalen für beide Messzeitpunkte dargestellt. Die sich ergebenden Zwischensubjekteffekte für die einzelnen abhängigen Variablen können in Tabelle 35 abgelesen werden. Es handelt sich um bezeichnende Effekte der Gruppierungsvariablen für die abhängigen Variablen. Für den Haupteffekt Messzeitpunkt lassen sich die Ergebnisse aus Kapitel 5.4.2 replizieren; es zeigen sich signifikante Veränderungen für die Skalen „zu selbstunsicher", „zu ausnutzbar" und „zu fürsorglich". Der Faktor Clusterzugehörigkeit wirkt sich auf alle acht IIP-C Skalen hoch signifikant aus; auch hier lassen sich die Ergebnisse aus Kapitel 5.5. replizieren. Der Interaktionseffekt allerdings wird für keine der Skalen statistisch bedeutsam.

Tabelle 34:   *Mittelwerte (M), Standardabweichungen (SD) und Standardfehler (SE) der IIP-C Skalen differenziert für die vier Cluster (Prä- und Postmessung)*

		N	M	SD	SE
Cluster 1: differenziert - verbunden					
zu dominant	Prä	23	5,31	3,21	,66
	Post	22	5,82	3,48	,74
zu konkurrierend	Prä	23	4,87	3,27	,68
	Post	22	5,68	3,60	,76
zu abweisend	Prä	24	5,07	3,61	,73
	Post	22	5,41	4,28	,91
zu introvertiert	Prä	23	7,17	5,61	1,14
	Post	22	7,73	5,69	1,23
zu selbstunsicher	Prä	24	13,33	5,80	1,18
	Post	22	11,23	5,76	1,22
zu ausnutzbar	Prä	23	13,55	5,14	1,07
	Post	22	12,05	5,58	1,19
zu fürsorglich	Prä	23	12,17	5,49	1,14
	Post	22	11,23	6,68	1,42
zu aufdringlich	Prä	23	9,47	4,24	,88
	Post	22	7,77	5,65	1,20
Cluster 2: mod. verstrickt - verbunden					
zu dominant	Prä	33	10,55	4,33	,75
	Post	31	8,75	4,02	,72
zu konkurrierend	Prä	33	9,61	3,85	,67
	Post	30	8,87	3,71	,67
zu abweisend	Prä	33	8,42	4,96	,86
	Post	30	7,80	4,41	,80
zu introvertiert	Prä	33	10,02	5,28	,91
	Post	30	8,60	4,88	,89
zu selbstunsicher	Prä	33	14,24	4,95	,86
	Post	31	12,71	4,52	,81
zu ausnutzbar	Prä	33	14,45	4,24	,73
	Post	30	12,27	4,37	,79
zu fürsorglich	Prä	33	14,64	5,06	,88
	Post	30	12,57	4,40	,80
zu aufdringlich	Prä	33	11,48	4,00	,69
	Post	31	10,41	3,89	,69

Tabelle 34:   (Fortsetzung)

Cluster 3: mod.differenziert - distanziert		N	M	SD	SE
zu dominant	Prä	23	7,61	4,18	,87
	Post	24	7,38	3,25	,66
zu konkurrierend	Prä	23	8,33	3,99	,83
	Post	24	7,61	3,65	,74
zu abweisend	Prä	24	8,82	4,04	,82
	Post	24	7,83	4,30	,87
zu introvertiert	Prä	22	11,86	5,09	1,01
	Post	24	11,46	5,11	1,07
zu selbstunsicher	Prä	24	15,71	4,50	,91
	Post	24	15,04	4,15	,84
zu ausnutzbar	Prä	23	14,22	4,71	,98
	Post	24	13,46	4,43	,90
zu fürsorglich	Prä	23	14,30	3,97	,82
	Post	24	13,25	4,74	,96
zu aufdringlich	Prä	23	10,65	5,28	1,10
	Post	24	9,58	3,57	,72
Cluster 4: verstrickt - distanziert					
zu dominant	Prä	20	9,70	4,16	,93
	Post	19	9,26	4,87	1,11
zu konkurrierend	Prä	20	9,75	3,19	,71
	Post	19	9,95	2,75	,63
zu abweisend	Prä	20	11,45	4,58	1,02
	Post	18	10,83	4,52	1,06
zu introvertiert	Prä	20	15,80	6,07	1,35
	Post	19	13,68	5,55	1,27
zu selbstunsicher	Prä	19	18,85	5,12	1,25
	Post	20	15,79	4,87	1,11
zu ausnutzbar	Prä	19	17,65	4,69	1,04
	Post	20	14,16	3,13	,718
zu fürsorglich	Prä	19	18,95	5,12	1,14
	Post	20	16,05	4,22	,96
zu aufdringlich	Prä	19	11,90	4,36	,97
	Post	20	10,86	4,33	,99

Tabelle 35:   Tests der Zwischensubjekteffekte für die IIP-C Skalen

Quelle	Abhängige Variable	F	Sig.	Part. Eta²
Mzp				
	zu dominant	,51	,48	,00
	zu konkurrierend	,00	,97	,00
	zu abweisend	,31	,58	,00
	zu introvertiert	1,04	,31	,01
	zu selbstunsicher	6,23	,01	,03
	zu ausnutzbar	8,94	,00	,05
	zu fürsorglich	5,72	,02	,03
	zu aufdringlich	2,83	,09	,02
aclu4				
	zu dominant	11,28	,00	,16
	zu konkurrierend	15,24	,00	,20
	zu abweisend	13,96	,00	,19
	zu introvertiert	14,60	,00	,19
	zu selbstunsicher	8,76	,00	,13
	zu ausnutzbar	3,48	,02	,05
	zu fürsorglich	9,29	,00	,13
	zu aufdringlich	3,62	,01	,06
mzp * aclu4				
	zu dominant	,85	,46	,01
	zu konkurrierend	,52	,67	,01
	zu abweisend	,39	,76	,01
	zu introvertiert	,47	,70	,01
	zu selbstunsicher	,50	,68	,01
	zu ausnutzbar	,64	,59	,01
	zu fürsorglich	,36	,78	,01
	zu aufdringlich	,11	,95	,00

Um Tendenzen unterschiedlicher Entwicklung der Cluster für die Skalen des IIP-C dennoch berichten zu können, wurden für jedes Cluster T-Tests für alle IIP-C Skalen berechnet, von denen im Folgenden nur die signifikanten berichtet werden. Einen Überblick über die Mittelwertsunterschiede zwischen den

Messzeitpunkten pro Cluster gibt folgende Tabelle 36 (siehe auch Tabellen 37 und 38).

Tabelle 36: *Überblick über die signifikanten Prä-Post-Veränderungen der IIP-C Skalen pro Cluster*

	Veränderungen auf den IIP-C Skalen von MZP I zu MZP II
Cluster 1: differenziert-verbunden	Keine
Cluster 2: verstrickt-verbunden	weniger dominant, weniger introvertiert, weniger selbstunsicher, weniger ausnutzbar, weniger fürsorglich
Cluster 3: differenziert-distanziert	Keine
Cluster 4: verstrickt-distanziert	weniger introvertiert, weniger selbstunsicher, weniger ausnutzbar, weniger fürsorglich

Tabelle 37: *T-Test bei gepaarten Stichproben für Cluster 2 (autonom, mäßig verstrickt)*

	M	SD	T	df	Sig. (2-seitig)
zu dominant, MZP I	10,32	4,35	2,59	30	,02
zu dominant, MZP II	8,78	4,00			
zu introvertiert, MZP I	9,82	5,42	2,04	29	,05
zu introvertiert, MZP II	8,20	4,83			
zu selbstunsicher, MZP I	14,48	4,97	2,11	30	,04
zu selbstunsicher, MZP II	12,97	4,29			
zu ausnutzbar, MZP I	14,63	4,33	3,30	29	,00
zu ausnutzbar, MZP II	12,43	4,30			
zu fürsorglich, MZP I	14,77	5,13	2,36	29	,03
zu fürsorglich, MZP II	12,60	4,38			

Anmerkung. N=31

Tabelle 38:   T-Test bei gepaarten Stichproben für Cluster 4 (distanziert, sehr verstrickt)

	M	SD	T	df	Sig. (2-seitig)
zu introvertiert, MZP I	16,00	6,17	2,90	18	,01
zu introvertiert, MZP II	13,68	5,55			
zu selbstunsicher, MZP I	18,79	4,57	2,97	18	,01
zu selbstunsicher, MZP II	15,79	4,87			
zu ausnutzbar, MZP I	17,58	4,81	3,80	18	,00
zu ausnutzbar, MZP II	14,16	3,13			
zu fürsorglich, MZP I	18,84	5,24	2,27	18	,04
zu fürsorglich, MZP II	16,05	4,22			

Anmerkung. N=19

Im Hinblick auf die Veränderungen des IIP-C scheinen sich zwei Untergruppen in den Clustern zu bilden: Cluster 1 und 3 zeigen keinerlei Mittelwertsveränderungen zwischen den beiden Messzeitpunkten. Dagegen weisen die anderen beiden Cluster in ähnlichen Skalen Veränderungen paralleler Art auf. Für beide gilt gleichermaßen, dass eine signifikante Senkung sozialer Vermeidung, Selbstunsicherheit, Ausnutzbarkeit und Fürsorglichkeit beobachtet werden kann. Zusätzlich kann für die Gruppe der moderat verstrickt Verbundenen eine Abnahme der Dominanz festgestellt werden.

Um die Ergebnisse – vergleichbar mit den Ergebnissen des PAFS-Q – als langfristige Veränderungen auch im Sinne einer Attraktoränderung zu bestätigen, schließt sich wiederum der Bericht des dritten katamnestischen Messzeitpunkts an. In den Abbildungen 21 bis 24 finden sich die Veränderungen vom ersten Messzeitpunkt (Prä) zur Katamnese der PAFS-Q Dimensionen für alle vier Cluster.

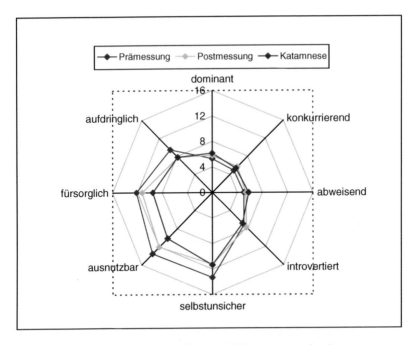

Abbildung 21: IIP-C Skalenwerte des Clusters 1 (differenziert - verbunden)
für drei Messzeitpunkte (Prä-Post-Katamnese)

Für die differenziert Verbundenen (Cluster 1) mit anfänglich geringen inter-personalen Problemen, zeigen sich auf den Skalen mit etwas höheren Werten (Selbstunsicherheit, Ausnutzbarkeit, Fürsorglichkeit, Aufdringlichkeit), lang-fristig Verbesserungen. Diese Teilnehmerinnen können ihr hohes Niveau an Persönlicher Autorität im Herkunftsfamiliensystem im Laufe der Entwicklung auf andere Beziehungssysteme übertragen.

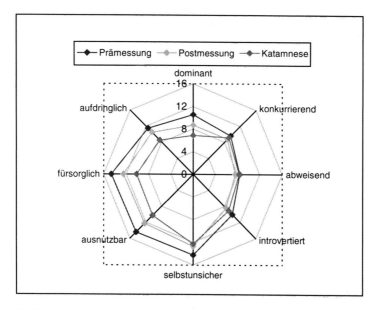

*Abbildung 22: IIP-C Skalenwerte des Clusters 2 (moderat verstrickt - verbunden)
für drei Messzeitpunkte (Prä-Post-Katamnese)*

Für die moderat verstrickt Verbundenen stabilisiert oder verstärkt sich die kurzfristige Senkung interpersonaler Probleme auch auf lange Sicht. Für diese Gruppe findet die Attraktorveränderung nicht im Herkunftsfamiliensystem, sondern in anderen sozialen Bezugssystemen statt.

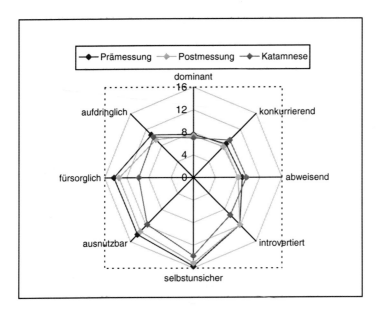

Abbildung 23: IIP-C Skalenwerte des Clusters 3 (moderat differenziert - distanziert)
für drei Messzeitpunkte (Prä-Post-Katamnese)

Für die moderat differenziert Distanzierten, bei denen im Herkunftsfamiliensystem große Veränderungen festgestellt wurden, zeigen sich zwar leichte
Verbesserungen ihrer interpersonalen Probleme (v.a. zu große Fürsorglichkeit, Ausnutzbarkeit und Introvertiertheit reduzieren sich), insgesamt bleibt
dieser Transfer aber hinter dem des Cluster 2 zurück.

Den verstrickt Distanzierten, die schon vom ersten zum zweiten Messzeitpunkt Fürsorglichkeit, Ausnutzbarkeit, Selbstunsicherheit und Introvertiertheit reduzieren konnten, gelingt langfristig eine entscheidende Verbesserung
ihrer interpersonalen Probleme in allen erfassten Bereichen.

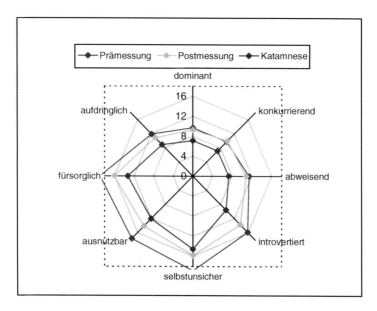

Abbildung 24: IIP-C Skalenwerte des Clusters 4 (verstrickt - distanziert)
für drei Messzeitpunkte (Prä-Post-Katamnese)

An dieser Stelle wird noch einmal deutlich, wie sinnvoll die differentielle Betrachtung der Entwicklungsprozesse ist. So lässt sich die Fragestellung 6, ob sich ein Transfer möglicher Persönlichkeitsentwicklung in den Kontext anderer Bezugssysteme für die Cluster unterschiedlich feststellen lässt, deutlich bejahen. Die differenziert Verbundenen (Cluster 1), die zu Beginn der Rekonstruktionsgruppe kaum interpersonale Probleme angeben, sehen auch nach der Rekonstruktion bei sich wenig interpersonale Probleme oder viel Persönliche Autorität in allgemeinen sozialen Bezügen. Die leicht verstrickt Verbundenen (Cluster 2), deren Position sich im Herkunftsfamiliensystem wenig ändert, schaffen den Transfer ihrer durchschnittlichen Persönlichen Autorität dafür in andere soziale Bezüge, indem sie deutlich weniger interpersonale Probleme berichten. Im Gegenteil dazu zeigen die moderat differenziert Distanzierten (Cluster 3), die zunächst im Herkunftsfamiliensystem ihre Persönliche Autorität ausbauen, kurzfristig keine Transfereffekte in allgemeine soziale Systeme. Langfristig stellt sich dann doch ein solcher Transfer ein. Cluster 4, die stärker verstrickt Distanzierten, prägen ihre Persönliche Autorität in der Familie aus und schaffen gleichzeitig die Reduzierung ihrer allerdings erheblichen interpersonalen Probleme mit langfristiger Stabilisierung auf allen IIP-C Skalen.

6 Diskussion

Das Ziel der vorliegenden Arbeit war es zu klären, welche Prozesse der Persönlichkeitsentwicklung bei Frauen im frühen Erwachsenenalter zu einer Integration von Unabhängigkeits- und Verbundenheitsbedürfnissen führen können. Aufbauend auf dem Forschungsstand und theoretischen Überlegungen wurden anhand einer Stichprobe von jungen Frauen, die an einer systemischen Familienrekonstruktion in der Gruppe teilnahmen, im Rahmen einer längsschnittlichen Untersuchung folgende Fragen untersucht: Lassen sich die im Theorieteil herausgearbeiteten zwei Dimensionen der Selbst- und Sozialentwicklung im Familiensystem der Probandinnen darstellen? Verändert sich die Position der jungen Frauen in ihren Herkunftsfamilien im Verlauf der Untersuchung im Spannungsfeld von Unabhängigkeit und Verbundenheit? Wie lassen sich entsprechende Entwicklungswege beschreiben? Lässt sich eine mögliche Integration der Bedürfnisse auch in anderen Bezugssystemen feststellen?

In der nun folgenden abschließenden Diskussion werden zunächst die Grenzen der empirischen Untersuchung (6.1) anhand der Beschaffenheit der Stichprobe und der Angemessenheit der Methode beleuchtet. Daran anschließend werden die zentralen Ergebnisse diskutiert und in eine Gesamtbetrachtung integriert (6.2). Abschließend wird ein Ausblick für weitere Forschung (6.3) gegeben, sowie die Anwendungsrelevanz der Ergebnisse (6.4) diskutiert.

6.1 Grenzen der empirischen Untersuchung

Bei der Diskussion der Grenzen der empirischen Untersuchung dieser Arbeit wird insbesondere a) auf die Beschaffenheit der Stichprobe und b) auf die Angemessenheit der Methodik eingegangen.

6.1.1 Stichprobe

Aufgrund der Wahl des Themas dieser Arbeit – Persönlichkeitsentwicklung von Frauen im frühen Erwachsenenalter – wurden für die Zusammensetzung der Stichprobe dieser Untersuchung die Kriterien „Geschlecht: weiblich" und „Alter: ca. 30 Jahre" vorgegeben. Dazu lässt sich kritisch anmerken, dass die Beschränkung der Untersuchung auf Frauen nur spezifische Aussagen für weibliche Entwicklungswege zulässt. Die im Forschungsprojekt „Evaluation von systemischen Familienrekonstruktionen" (Schmidt, 2003; Schmidt & Schmid, 2002; Schmidt et al., 2001) bisher untersuchte männliche Stichprobe von 25 Teilnehmern ist zu klein, um im differentiellen Design dieser Arbeit Geschlechtsunterschiede berücksichtigen zu können. Die entsprechende Besetzung der Zellen läge immer unter 10, oft sogar unter 5, so dass entschieden wurde, zunächst weibliche Entwicklungsverläufe zu untersuchen und sich der Untersuchung männlicher Persönlichkeitsentwicklung nach Anwachsen der Projekt-Stichprobe zu widmen.

Bezüglich des Alters lässt sich kritisieren, dass der Range der Stichprobe relativ weit gestreut ist. Obwohl der Fokus auf dem Übergang in der Mitte des frühen Erwachsenenalters liegt, sind einige Teilnehmerinnen am Anfang und andere am Ende dieser Phase angesiedelt. Die Standardabweichung von 5.6 weist allerdings darauf hin, dass sich der Großteil der Stichprobe im Zielalter befindet. Zudem stehen alle Teilnehmerinnen am Ende ihres Studiums, also in einer ähnlichen Lebensphase, was die leichte Inhomogenität des Alters aufheben kann.

Ein wesentlicher weiterer Punkt der Diskussion ist, dass mit der Stichprobenerhebung keine Repräsentativität angestrebt wurde. Vielmehr wurde definiert, dass Persönlichkeitsentwicklung im frühen Erwachsenenalter anhand von Stichproben untersucht werden kann, deren Teilnehmer sich in einem Selbsterfahrungsprozess („systemische Familienrekonstruktion in der Gruppe") einer in gewissem Sinn verdichteten Auseinandersetzung mit anstehenden Entwicklungsaufgaben stellen. Dadurch werden Entwicklungsschübe zeitnah zu dieser Intervention wahrscheinlich und längsschnittlich angelegte Untersuchungen können ökonomischer durchgeführt werden, weil sie nicht die gesamte Phase des jungen Erwachsenenalters, sondern an dieser Intervention orientierte Ausschnitte der Phase erfassen können. Die Kriterien für die Zusammensetzung der Stichprobe wurden ergänzt um das Kriterium: „Teilnahme an einer systemischen Familienrekonstruktion in der Gruppe". Die fehlende Repräsentativität lässt sich gut vertreten, weil das vorrangige Anliegen dieser Arbeit die Generierung neuer Hypothesen und weniger die Bestätigung oder Widerlegung bestehender Forschungsaussagen ist. Die diesbezügliche Selektivität der Stichprobe beinhaltet durch die Beschränkung auf Studentinnen also einen hohen Bildungsgrad und damit vermutlich einen Bias in Richtung höherer sozioökonomischer Status in den Herkunftsfamilien. Unter Berücksichtigung aller Kriterien der Rekrutierung lässt sich anmerken, dass die Stichprobe bezüglich des Familienstandes und der Kinder- und Geschwistersituation die weibliche Bevölkerung in der Mitte des frühen Erwachsenenalters mit hohem Bildungsgrad gut repräsentieren kann.

Der Vollständigkeit halber soll noch betont werden, dass die Entscheidung der Studentinnen, an einer auch als Intervention geltenden Selbsterfahrung teilzunehmen, nicht auf eine klinische Relevanz ihres Interesses hindeutet. Es handelt sich bei der untersuchten Stichprobe um eine nicht-klinische Gruppe; dies konnte anhand der Ergebnisse des Inventars interpersonaler Probleme gezeigt werden (vgl. Kap. 4.2).

6.1.2   Angemessenheit der Methodik

Die in dieser Arbeit betrachteten Prozesse sind im Bereich systemtheoretischer Ansätze einzuordnen. Systemtheoretische Annahmen in prüfbare Hypothesen zu fassen und empirischen Prozeduren zugänglich zu machen, ist insofern problematisch, da bei der Untersuchung sich selbstorganisierender Systeme weniger lineare Ursache-Wirkungs-Zusammenhänge, sondern eher komplexe Vernetzungen untersucht werden. Werden Veränderungsprozesse angestoßen, hängt deren Ergebnis primär von internen Prozessen ab und ist von außen nicht steuerbar. Schiepek, Kröger und Eckert (2001) haben den Vorschlag gemacht, zwischen mittel- und langfristigen quantitativen Detailvorhersagen des Systemverhaltens einerseits und qualitativen bzw. gröberen quantitativen Vorhersagen andererseits zu unterscheiden. Vorhersagen letzterer Art und deren empirische Überprüfung sollten möglich sein. In der Evaluation des Münchner Modells der systemischen Familienrekonstruktion (Schmidt, 2003; Schmidt & Schmid, 2002; Schmidt et al., 2001) wird versucht, systemtheoretischen Anforderungen näher zu kommen. Insbesondere die aus einer Zeitreihe von 16 Messzeitpunkten bestehende Prozessmessung und die qualitativen Erhebungen neben der klassischen Prä-Postmessung berücksichtigen die Komplexität systemischer Ansätze und fügen unterschiedliche Perspektiven zusammen. Da sich die vorliegende Untersuchung auf die Prä-Postmessung des Forschungsprojekts „Evaluation von Familienrekonstruktionen" beschränkt, ist sie im Bereich gröberer quantitativer Vorhersagen angesiedelt. Komplexen methodischen Anforderungen neuerer systemtheoretischer Ansätze gerecht zu werden, kann dann gelingen, wenn alle drei Daten-Untergruppen des Projekts zusammengebracht und Methodeninnovationen berücksichtigt werden (Haken & Schiepek, 2006).

Weiter kann angemerkt werden, dass der achtmonatige Abstand zwischen Prä- und Postmessung für die Erfassung der als noch relativ stabil einzuschätzenden charakteristischen Adaptationen oder Umgangsstrategien recht kurz einzuschätzen ist. Die Daten der Postmessung beschreiben, wie sehr sich die Systeme der Probandinnen durch die Familienrekonstruktionen stören lassen. Ob die angestoßenen Aktivierungen und Veränderungen zur Ausbildung neuer Beziehungsschemata oder Attraktoren führen, kann erst einige Zeit nach dem Gruppenprozess sichtbar werden. Für eine Bestätigung langfristiger Veränderungen ist das Hinzuziehen der Katamnese wesentlich. Und hier setzt ein weiterer Kritikpunkt dieser Arbeit an: Die Katamnese konnte nur von einer Teilstichprobe der Probandinnen der ersten fünf Ausbildungsgruppen des familienpsychologischen Curriculums erhoben werden. Dies ist auch der Grund, warum die Darstellung der Daten der Katamnese graphisch erfolgt und nur Tendenzen andeuten kann.

Ein weiterer Punkt zur Beurteilung der Angemessenheit der Methodik ist der Einsatz von Selbsteinschätzungsinstrumenten in Form von Fragebögen. Mit

Hilfe von Selbsteinschätzungen wird die Erfassung von Selbst- und Beziehungsschemata ermöglicht. Diese, nach der Auffassung des Sozial-Konstruktionismus, für die Personen relevante Perspektive, stellt deren Realität dar und sollte vorrangig erhoben werden. Allerdings wäre eine Ergänzung der Selbsteinschätzung durch den Einbezug weiterer Datenquellen, wie beispielsweise die Einschätzung der Person durch andere Mitglieder des Familiensystems, der Teilnehmerinnen oder Beobachtungsdaten, wünschenswert.

Eine konkrete Diskussion der eingesetzten Erhebungsinstrumente PAFS-Q und IIP-C findet sich im Kapitel 4.3.1 und im Kapitel 5.3. Die Reliabilitäten der verwendeten Skalen in Form der internen Konsistenzen erreichen (bis auf eine Ausnahme) eine für Forschungszwecke sehr gute bis gute Höhe. Die erwartungskonformen Interkorrelationen der Skalen untereinander sind ebenfalls ein positiver Hinweis in Richtung der Validität der Konstrukte.

6.2 Diskussion der zentralen Ergebnisse

Bei der Diskussion der zentralen Ergebnisse dieser Untersuchung werden die Hauptergebnisse noch einmal kurz zusammengefasst dargestellt, dem Stand der Forschung zugeordnet und so diskutiert, dass Entwicklungswege hin zur Persönlichen Autorität dargestellt werden können. Perspektiven für weitere Forschung werden mitdiskutiert. Im Ergebnisteil wurden die festgestellten Veränderungen hauptsächlich skalenspezifisch vorgestellt; hier orientiert sich die Gliederung der Darstellung an der Zuordnung zu den gefundenen Gruppen mit unterschiedlicher Ausgangsposition in ihren Herkunftsfamilien. Zunächst werden die beiden strukturell orientierten Fragestellungen 1 und 4 diskutiert, um anschließend die prozessorientierten Ergebnisse der Fragestellungen 2, 3, 5 und 6 insgesamt zu diskutieren.

6.2.1 Spannungsfeld Herkunftsfamilie zwischen Selbst- und Sozialentwicklung (Frage 1)

Innerhalb der ersten Fragestellung konnten die beiden Dimensionen der Selbst- und Sozialentwicklung bei der Darstellung der Position der Probandinnen in ihren Herkunftsfamilien gefunden werden. Durch dieses Ergebnis werden die motivationstheoretischen und entwicklungsbezogenen Modelle gestärkt, die von zwei grundlegenden, den Raum von Persönlichkeitsentwicklung gestaltenden Bedürfnissen ausgehen. Außerdem wird gezeigt, dass nicht nur Entwicklung in sozialen Bezügen, sondern auch Selbstentwicklungsprozesse kontextbezogen erhoben werden können. Auch Williamsons (1991) Hypothese, dass beide Entwicklungsdimensionen des Intimitätsparadoxons, insbesondere vor dem Hintergrund der Position in der Herkunftsfamilie betrachtet werden sollten, wird durch das Ergebnis unterstützt.

Die gefundene Dimension *Verbundenheit vs. Distanz* bildet hauptsächlich Verhaltensregulation, genauer gesagt, die Fähigkeit zur Nähe-Distanz-Regulation ab. Die zweite Dimension *Selbstdifferenzierung vs. emotionale Verstrickung* bildet demgegenüber eher innere emotionale Regulationsfähigkeiten ab. Kritisch betrachtet werden kann, dass das Konzept der Fusion eine hohe Nebenladung aufweist und nicht eindeutig einem Faktor zuzuordnen ist. Dies deutet weniger darauf hin, dass die zwei Faktoren ungenau bezeichnet wurden, sondern eher darauf, dass die Fusion auch Verhaltensregulation mitcodiert. Nachvollziehen lässt sich dies dadurch, dass das Konzept der Fusion neben der intrapersonalen emotionalen Regulationsfähigkeit auch die Fähigkeit zur Selbstabgrenzung durch Übernahme von Selbstverantwortung und Vermeidung von übertriebener Verantwortungsübernahme für andere misst (Bowen, 1978; Kerr & Bowen, 1988; Lawson & Brossart, 2004; Williamson, 1991). Diese zweite Fähigkeit ist Grundvoraussetzung für die Fähigkeit zur Nähe-Distanz-Regulation. Daher sollte das Konzept der Fusion in weiteren Analysen, denen die Zweidimensionalität der Selbst- und Sozialentwicklung zugrunde liegt, passender operationalisiert werden. Möglicherweise lässt sich Fusion in zwei Subkonstrukte aufspalten.

6.2.2 Unterschiedliche Ausgangspositionen in der Herkunftsfamilie für die Entwicklung (Frage 4)

Als Antwort auf die vierte Fragestellung konnte die allgemeine Annahme bestätigt werden, dass sich die Stichprobe in Abhängigkeit von ihrer Ausgangsposition im Herkunftsfamiliensystem clustern lässt. Dieses Ergebnis zeigt zunächst, dass eine differenzierte Betrachtung der Stichprobe sinnvoll ist. Weiter deutet das Auffinden einiger weniger unterscheidbarer Gruppen mit unterschiedlicher Ausgangsposition im Spannungsfeld zwischen Selbst- und Sozialentwicklung auf eine gewisse Stabilität der Positionen hin und unterstützt auch die zugrundeliegende Veränderungstheorie des Attraktorenmodells, in der, neben fluktuierenden Übergängen, von stabilen Konsolidierungsphasen der Entwicklung ausgegangen wird. Wie stabil die Ergebnisse von vier gefundenen Clustern sind und ob sie sich tatsächlich, wie im Veränderungsmodell der Attraktoren, durch unstete Übergänge von stabiler Phase zu stabiler Phase bewegen, sollte in weiteren Studien hauptsächlich anhand prozessorientierter Forschung überprüft werden.

Für den zweiten Teil der Frage 4, inwiefern sich unterschiedliche Ausgangspositionen im Herkunftsfamiliensystem unterscheiden, existierten keine Vorannahmen. Aufgrund der Zweidimensionalität auf der Ebene der Sekundärfaktoren des PAFS-Q könnte man in den vier sich ergebenen Quadranten zwischen den beiden Dimensionen vier Konstellationen erwarten: Differenziert – verbunden, verstrickt – verbunden, differenziert – distanziert, verstrickt – distanziert.

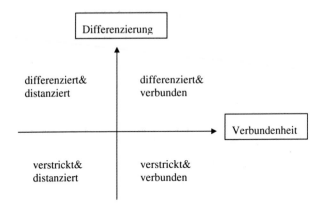

Die Bezeichnungen der gefundenen Ausgangspositionen (differenziert – verbunden, moderat verstrickt – eingeschränkt verbunden, moderat differenziert – distanziert und verstrickt – distanziert) deuten an, dass sich nicht uneingeschränkt alle Kombinationen finden lassen. Zwar liegen die vier Cluster in je einem der vier Quadranten, allerdings schließen sich bestimmte Kombinationen als Ausgangsposition scheinbar aus. So sind sehr verstrickte Teilnehmerinnen nicht auch gleichzeitig verbunden und sehr differenzierte Personen nicht gleichzeitig distanziert. Klare Attraktoren sind die Positionen differenziert und verbunden sowie verstrickt und distanziert. Es findet sich eine weitere distanzierte Gruppe, die leicht überdurchschnittlich differenziert ist. Das liegt bei mittleren Werten für Fusion und Beeinflussung insbesondere an geringer Triangulierung. Als vierter Attraktor lässt sich eine Position identifizieren, die leicht unterdurchschnittlich differenziert, also leicht verstrickt (aufgrund höherer Triangulierung) und dabei eingeschränkt verbunden ist. Im Vergleich zur differenziert - verbunden Position geht die Einschränkung von Verbundenheit dabei auf geringere Intimität bei hoher Persönlicher Autorität in der Kommunikation einher.

Auf der Basis der Familientherapietheorien (Boszormenyi-Nagy & Spark, 1993; Carter & McGoldrick, 1998; Framo, 1992; Gurman, 1991) ist es nicht verwunderlich, dass die beiden klaren Positionen (differenziert - verbunden, Gruppe 1 und verstrickt - distanziert, Gruppe 4) so auffindbar sind. Menschen, die sich innerhalb ihrer Systeme gut differenzieren können, also bei Wahrnehmung klarer Ich-Grenzen eine gute Fähigkeit besitzen, ihre Emotionen innerlich regulieren zu können, sind dadurch auch in der Lage mit Nähe und Distanz innerhalb ihrer Bezüge selbstbestimmt umgehen zu können. Für Menschen mit dieser Freiheit besteht selten die Notwendigkeit sich von ihrem Herkunftsfamiliensystem zu distanzieren. Im umgekehrten Fall deutet eine starke Verstrickung, also geringe Emotionsregulationsfähigkeit auf wenig Freiheit und Selbstbestimmung bei der Gestaltung der Beziehungen im Herkunftsfamiliensystem hin. In der Distanz, d.h. indem man vermeidet, ständig mit der Verstrickung konfrontiert zu werden, lässt sich diese Einschränkung besser aushalten oder auch besser die Illusion aufbauen, man sei frei und selbstbestimmt. Die theoretische Erklärung für die anderen beiden gefundenen Gruppen liegt nicht gleichermaßen auf der Hand. Aus der Basis der eben diskutierten Erklärungen für die beiden klaren Positionen verwundert es eher, dass von den beiden nicht so eindeutigen Positionen die Gruppe der Distanzierten (Gruppe 3) weniger verstrickt ist, als die Gruppe der eingeschränkt Verbundenen (Gruppe 2). Abgesehen davon, dass dieses Ergebnis auf die relative Unabhängigkeit der beiden Dimensionen Verbundenheit und Differenzierung hinweist, könnte die unterschiedliche Triangulierung die Erklärung liefern. Triangulierung bedeutet zwischen den Eltern eingebunden zu sein, diese zusammenhalten zu müssen. Möglicherweise fühlen sich leicht Triangulierte, unter der Voraussetzung, dass nur durchschnittliche Verstrickung innerhalb eines Familiensystems gegeben ist, eher als Bindeglied und in Loyalität verbunden als durchschnittlich Verstrickte, deren eingeschränkte Differenzierungsfähigkeit nicht auf Triangulierung zurückzuführen ist. Andererseits ist es auch möglich, dass das Ergebnis aus unterschiedlichen Wegen des Umgangs mit Verstrickung resultiert. In der Annahme, dass das Grundbedürfnis nach Selbstentwicklung Selbstdifferenzierung umfasst, könnte die Strategie der Gruppe 3 sein, über eine Distanzierung von ihrem Familiensystem zu mehr Selbstdifferenzierung zu finden. Gewissermaßen eines nach dem anderen zu tun, oder anders ausgedrückt, nur in der tatsächlichen Distanz genügend Abgrenzungsmöglichkeiten zu sehen. Die Strategie der verbundeneren Gruppe wäre dann eher, innerhalb der Verbundenheit nach mehr Differenzierung zu streben.

Abschließend wurde im zweiten Teil der Frage 4 noch erörtert, inwiefern sich unterschiedliche Ausgangspositionen im Herkunftsfamiliensystem auf den Skalen des Inventars interpersonaler Probleme (IIP-C) unterscheiden. Es konnte die allgemeine Annahme bestätigt werden, dass sich die gefundenen Cluster auch im Bereich anderer interpersonaler Bezugssysteme voneinander unterscheiden lassen. Damit wird die differenzierte Perspektive weiter unterstützt. Für die beiden klaren Positionen im Herkunftsfamiliensystem spiegelt sich positive und negative Einschätzung auch im Bereich interpersonaler Probleme wider. Die differenziert Verbundenen können sich auch innerhalb unspezifischer Beziehungskonstellationen gut regulieren, die verstrickt Distanzierten im Vergleich zu allen anderen Gruppen am wenigsten gut. Die Gruppe der Distanzierten, die über dem Durchschnitt differenziert sind, sehen sich auch in anderen Beziehungen als zu unsicher-abweisend, was darauf hindeutet, dass für diese Gruppe die Fähigkeit zur Emotionsregulation von der Fähigkeit Nähe und Distanz zu regulieren, abgekoppelt wurde. Die leicht verstrickt, aber verbundenen Teilnehmerinnen empfinden sich eher als zu dominant, was darauf hindeutet, dass die allgemeine Strategie zur Abgrenzung und Selbstdifferenzierung dieses Clusters eher die Konfrontation innerhalb von Beziehungen darstellt.

Insgesamt können die Befunde als eine Annäherung an eine persönlichkeitspsychologische Typologie auf der Ebene der charakeristischen Adaptationen, bezogen auf Emotions- und Nähe-Distanz-Regulationsfähigkeiten, gelten. Dies fügt sich in den Trend innerhalb der Persönlichkeits-, Entwicklungs- und klinischen Psychologie, der z.b. durch typologische Ansätze im Kontext faktorieller Persönlichkeitsforschung (vgl. für einen Überblick, Haupt, 2004), bindungstheoretisch begründete Typologien (Bartholomew & Horowitz, 1991; Hazan & Shaver, 1987; Main & Goldwyn, 1995-1996) oder auch Ansätze im Bereich der Copingforschung (Bodenmann, 2000) repräsentiert wird. Ziel dieser Ansätze ist es, komplexe Sachverhalte zu reduzieren und gleichzeitig im Typus zusammengefasste inhaltliche Sinnzusammenhänge für Prozesse der Hypothesengenerierung nutzbar zu machen. Damit könnte die Identifikation einer der vier Positionen im Herkunftsfamiliensystem erstens auf einen bestimmten Entwicklungsverlauf hinweisen und zweitens einen besseren Ansatzpunkt für differentielle Interventionen ermöglichen. Damit sich diese Typologie auch wirklich auffinden lässt, müsste die Clusteranalyse innerhalb anderer, größerer und gemischtgeschlechtlicher Stichproben repliziert werden.

6.2.3 Unterschiedliche Wege der Persönlichkeitsentwicklung (Frage 2, 3, 5, 6)

In Fragestellung 2 und 5 wird allgemein und differentiell nach Veränderungen der Persönlichen Autorität im Herkunftsfamiliensystem im Verlauf der längsschnittlichen Untersuchung gefragt. Die Fragen 3 und 6 weiten die Betrachtung auf eine potentielle Entwicklung innerhalb anderer sozialer Systeme aus.

Für die Gesamtstichprobe betrachtet konnte nach der Familienrekonstruktion ein Zuwachs an Persönlicher Autorität in der Kommunikation und weniger Probleme in den Bereichen Selbstunsicherheit, Ausnutzbarkeit und Fürsorglichkeit als kurzfristige Verstörung der Systeme berichtet werden. Längerfristig bestätigte sich die Tendenz des Zuwachses an Verbundenheit und der Abnahme von Verstrickung bezüglich aller Aspekte der Persönlichen Autorität im Herkunftsfamiliensystem, sowie eine weitere Abnahme interpersonaler Probleme.

Zur Differenzierung der im Mittel für die Gesamtstichprobe geltenden Ergebnisse werden im folgenden Abschnitt Entwicklungswege für die einzelnen Cluster oder Typen der Emotions- und Nähe-Distanz-Regulationsfähigkeit beschrieben.

6.2.3.1 Die Gruppe der differenziert Verbundenen

Für die Teilnehmerinnen mit differenzierter und verbundener Position im Herkunftsfamiliensystem zeigen sich zwischen dem ersten und zweiten Messzeitpunkt auf den Skalen des PAFS-Q keine Veränderungen. Auf der Ebene der Sekundärdimensionen der Persönlichen Autorität läuft die kurzfristige Veränderung auf eine leichte Reduzierung der Verbundenheit hinaus. Katamnestisch lässt sich eine Tendenz zur Relativierung der Position erkennen. Damit ist eine geringe Abnahme von Differenzierung und Verbundenheit gemeint. Diese Bewegung wird von der Autorin als eine selbstkritischere Einordnung der eigenen Position im Familiensystem interpretiert, möglicherweise verbunden mit der Aufgabe eines Idealbildes der Familie. In diesem Cluster wird kein Zuwachs an Persönlicher Autorität im Herkunftsfamiliensystem erwartet, weil die Teilnehmerinnen dieser Gruppe ein hohes Ausgangsniveau an Persönlicher Autorität besitzen.

Weg zur Persönlichen Autorität

Die Teilnehmerinnen vom Typ der differenziert Verbundenen besitzen Persönliche Autorität im Herkunftsfamiliensystem. Daran ist die ausgeprägte Fähigkeit geknüpft, sich sowohl emotional als auch bezüglich Nähe und Distanz regulieren zu können. Wenn diese Probandinnen nach Wegen der Persönlichkeitsentwicklung suchen, dann bleiben sie bezüglich Differenzierung und Verbundenheit in der Nähe ihrer Ausgangsposition. Die leichte Bewegung lässt sich interpretieren als eine Relativierung ihrer Position, bei der der Bewegungsraum innerhalb des Familiensystems in dem Sinne erweitert wird, dass die eigene Stellung kritisch hinterfragt werden kann. Man könnte annehmen, die differenziert Verbundenen hätten die Flexibilität entwickelt, auf hohem Niveau ihr Familiensystem kritisch hinterfragen zu können, ohne ihren sicheren Stand zu verlieren.

Transfer in andere Beziehungskontexte

Für die differenziert Verbundenen zeigen sich keine Veränderungen vom ersten zum zweiten Messzeitpunkt auf den Skalen des IIP-C. Analog zu den Prä-Postergebnissen auf den Skalen des PAFS-Q lässt sich vermuten, dass dies an dem hohen Ausgangsniveau dieses Clusters liegt. Teilnehmerinnen dieses Typus nehmen von vornherein wenig interpersonale Probleme in anderen Beziehungssystemen wahr. In der Katamnese zeigen sich dann doch

Verbesserungen im Bereich zu großer Fürsorglichkeit, Ausnutzbarkeit, Selbstunsicherheit und Aufdringlichkeit. Das hohe Ausgangsniveau an Persönlicher Autorität im Herkunftsfamiliensystem wird mit Zeitverzögerung transferiert.

6.2.3.2 Die Gruppe der moderat verstrickt, eingeschränkt Verbundenen

Für die Gruppe der moderat verstrickten und in ihrer Verbundenheit leicht eingeschränkten Teilnehmerinnen lässt sich auf den Skalen des PAFS-Q kurzfristig (von Prä nach Post) weniger Triangulierung berichten. Auf der Ebene der Sekundärdimensionen allerdings wird dies nicht signifikant. Langfristiger betrachtet zeigt sich eine leichte Abnahme der Verbundenheit, wodurch sich dieses Cluster auf eine Position mittlerer Differenzierung und mittlerer Verbundenheit zu bewegt.

Weg zur Persönlichen Autorität

Die Teilnehmerinnen des Typus moderat verstrickt, eingeschränkt verbunden besitzen Persönliche Autorität mittleren Ausmaßes in ihrem Herkunftsfamiliensystem. Da sich diese Gruppe nicht, wie Personen des Cluster 1, auf einer idealen Position befindet, wurde langfristig ein Anstieg der Persönlichen Autorität erwartet. Beobachtet wurde allerdings lediglich eine geringe Verschiebung in Richtung Mitte des Koordinatensystems der Dimensionen Differenzierung und Verbundenheit. Damit zeigt diese Gruppe eine ähnliche Entwicklung wie Personen des Cluster 1, allerdings auf niedrigerem Niveau.

Transfer in andere Beziehungskontexte

Für diese Gruppe zeigen sich schon kurzfristig (Prä-Post) deutliche Veränderungen auf den Skalen des IIP-C. In der Katamnese verstärkt sich dieses Ergebnis. Die Teilnehmerinnen berichten nach der Familienrekonstruktion von weniger interpersonalen Problemen in bedeutsamen Beziehungssystemen bezüglich Dominanz, Introvertiertheit, Selbstunsicherheit, Ausnutzbarkeit und Fürsorglichkeit, bei, im Vergleich zu Cluster 1, wesentlich höheren Ausgangswerten. Für dieses Cluster ergeben sich im Vergleich zu allen anderen die größten Veränderungen im interpersonalen Bereich. Daraus lässt sich interpretieren, dass diese Gruppe ihre Persönliche Autorität zwar nicht im Herkunftsfamiliensystem, wohl aber in bedeutsamen anderen Beziehungssystemen weiter entwickelt.

6.2.3.3 Die Gruppe der moderat differenziert Distanzierten

In den Prä-Post Messungen der PAFS-Q Skalen zeigen sich für die Gruppe der Distanzierten mit moderater Differenzierung Veränderungen hinsichtlich mehr Intimität und mehr Persönlicher Autorität in der Kommunikation. Auf der Ebene der Sekundärdimensionen lässt sich dies als mehr Verbundenheit darstellen. Auf der Skalenebene lässt sich auch ein Anstieg der Triangulierung feststellen, der sich aber auf Dimensionsebene nicht in mehr Verstrickung niederschlägt. Langfristig (Katamnese) verstärkt sich der Trend zu mehr Verbundenheit. Die leichte Zunahme der Triangulierung stellt sich als vorübergehend heraus und mündet in eine Tendenz zu mehr Differenzierung.

Weg zur Persönlichen Autorität

Diese Gruppe weist bereits ein recht gutes Ausgangsniveau im Bereich der Differenzierung auf, daher wird hier eher ein Anstieg der Verbundenheit erwartet, was so auch eintritt. Die Teilnehmerinnen dieses distanzierten Typus bewegen sich auf mittlerem Differenzierungniveau in der Verbundenheit mit ihrem Herkunftsfamiliensystem, ausgehend von wesentlich weniger Verbundenheit als bei Cluster 1 und 2. Die zunächst leichte Zunahme an Verstrickung, die langfristig gesehen hingegen eher abnimmt, lässt vermuten, dass mögliche Muster der Verstrickung in der Familienrekonstruktion bewusst werden, durch eine verstärkte Auseinandersetzung mit dem Herkunftsfamiliensystem (sowie in der Rekonstruktion durch mehr Intimität und Persönliche Autorität in der Kommunikation) aber aufgelöst werden können. Damit zeigt diese Gruppe eine andere Entwicklung als die beiden vorher besprochenen. Langfristig gesehen wird die Persönliche Autorität im Herkunftsfamiliensystem stark ausgebaut.

Transfer in andere Beziehungskontexte

Im Gegensatz zur Gruppe 2, die bei mittlerer Differenzierung verbundener sind, zeigen sich für diese Gruppe auf den Skalen des IIP-C kurzfristig keine Übertragungseffekte in andere Beziehungkontexte, bei ähnlichem Ausgangsniveau der interpersonalen Probleme. Es scheint so, als könne die Zunahme der Persönlichen Autorität im Familienkontext nicht unmittelbar nach der Intervention in andere allgemeine Beziehungskontexte übertragen werden (wie es in Cluster 2 passiert), vermutlich weil sich die Teilnehmerinnnen dieses Clusters zunächst in ihrem Herkunftsfamiliensystem entwickeln. Nach Williamson braucht man Persönliche Autorität im Herkunftsfamiliensystem als Voraussetzung für die Ausprägung der damit einhergehenden Fähigkeiten in anderen Beziehungskontexten. Aus der Katamnese lässt sich dann schon eine leichte Verbesserung interpersonaler Probleme berichten.

6.2.3.4 Die Gruppe der verstrickt Distanzierten

Für die Gruppe der verstrickt Distanzierten zeigen sich in der Prä-Postmessung auf den PAFS-Q Skalen Veränderungen hinsichtlich mehr Persönlicher Autorität in der Kommunikation, tendentiell mehr Intimität und weniger Fusion und Triangulierung. Auf der Ebene der Sekundärdimensionen schlägt sich dies zunächst nicht signifikant nieder. Katamnestisch lässt sich jedoch ein deutlicher Zuwachs Persönlicher Autorität auf beiden Sekundärdimensionen beobachten.

Weg zur Persönlichen Autorität

Die Teilnehmerinnen des verstrickt distanzierten Clusters haben insgesamt die ungünstigste Position – mit geringer Differenzierung und geringer Verbundenheit – in ihrem Herkunftsfamiliensystem inne. Daher wird sich hier am ehesten die Frage stellen, unter welchen Bedingungen ein Anstieg auf beiden Dimensionen der Persönlichen Autorität erwartet werden kann. Aus den Ergebnissen lässt sich schließen, dass für die Teilnehmerinnen dieses Clusters eine Energetisierung (oder Verstörung) durch die Familienrekonstruktion kurzfristig schon in Richtung mehr Persönlicher Autorität zeigt, sich dies aber erst nach einer gewissen Zeit in einer Attraktoränderung niederschlägt. Diese Persönlichkeitsentwicklung betrifft im zweidimensionalen Raum der Differenzierung und Verbundenheit beide Aspekte. Trotz ungünstiger Ausgangsposition führt also der Weg für dieses Cluster zur Integration beider Grundbedürfnisse, allerdings erst nach einer gewissen Verzögerung und auch im Ausgang mit geringerem Niveau als bei den anderen Gruppen.

Transfer in andere Beziehungskontexte

Für diese Gruppe zeigen sich in der Prä-Postmessung auf den Skalen des IIP-C weniger interpersonale Probleme in den Bereichen Introvertiertheit, Selbstunsicherheit, Ausnutzbarkeit und Fürsorglichkeit. In der Katamnese verbessern die verstrickt Distanzierten noch einmal ihre interpersonalen Probleme in allen Bereichen. Obgleich auch distanziert, schlägt sich ein Transfer von mehr Persönlicher Autorität in andere Beziehungssysteme für diese Cluster schneller nieder, als für Cluster 3. Dies mag an den wesentlich gravierenderen interpersonalen Problemen der verstrickt Distanzierten liegen. Je größer die anfänglichen interpersonalen Probleme, desto eher verändert sich sofort etwas. Der entscheidende Zuwachs an Persönlicher Autorität in allgemeinen Beziehungssystemen findet allerdings erst längerfristig statt.

6.2.3.5 Gesamtbetrachtung der Persönlichkeitsentwicklung

Beim Typus der differenziert Verbundenen lassen sich nicht nur kurzfristig, sondern auch längerfristig keine Veränderungen der Ausgangsposition oder des Attraktors erkennen, die auf mehr Integration von Unabhängigkeits- und Verbundenheitsbedürfnissen schließen lassen. Dies liegt vermutlich daran, dass die differenziert Verbundenen in den hier relevanten Beziehungssystemen (Familie und allgemeine bedeutsame Beziehungssysteme) keine Probleme wahrnehmen, also ihre Unabhängigkeits- und Verbundenheitsbedürfnisse gut austariert sind. Persönlichkeitsentwicklungsprozesse dieses Clusters lassen sich möglicherweise nicht mehr mit dem PAFS-Q messen. Veränderungsmessungen auf anderen Ebenen könnten für die Beschreibung von Persönlichkeitsentwicklung differenzierter und verbundener junger Frauen Erkenntnisgewinn bringen. An Fallbeispielen des Projektes „Evaluation von systemischen Familienrekonstruktionen" wurde schon gezeigt, dass auf der Ebene der Lebensgeschichten große Entwicklungsbewegungen unabhängig von Veränderungen auf der Ebene der charakteristischen Adaptationen stattfinden (Schaer, 2005).

Für die Gruppe der eingeschränkt Verbundenen ergibt sich ebenso wie für die Gruppe der Verbundenen längerfristig wenig Veränderung ihrer Position im Herkunftsfamiliensystem. Die Teilnehmerinnen behalten auf dieser Ebene ihren Attraktor bei. Der durchweg positive Effekt des Transfers Persönlicher Autorität in andere Beziehungssysteme kann darauf hindeuten, dass auch eine mittlere Positionierung bezüglich der Emotions- und Nähe-Distanzregulationsfähigkeit im Herkunftsfamiliensystem das Entwicklungsziel sein kann.

Für die Gruppe der moderat differenziert Distanzierten zeigt sich im Gegensatz zu den Gruppen 1 und 2 nicht nur kurzfristig, sondern auch längerfristig eine Veränderung ihrer Position im Herkunftsfamiliensystem und damit eine Attraktorveränderung. Das Cluster 3 nimmt zum Zeitpunkt der Prämessung eine Position ein, von der aus Entwicklung im zweidimensionalen Raum zwischen Verbundenheit und Differenzierung durchaus noch auf der Ebene der charakteristischen Adaptationen gemessen werden können. Vergleicht man die Cluster mit mittlerer Differenzierung (Cluster 2 und 3), finden Bewegungen in unterschiedlichen Beziehungssystemen statt: Während Cluster 2 keine deutlichen Veränderungen im Herkunftsfamiliensystem aufweist, dafür aber in anderen sozialen Systemen, zeigt sich für Cluster 3 das Gegenteil. Hieraus könnte man schließen, dass Distanz zum Herkunftsfamiliensystem zunächst mehr Persönliche Autorität im Herkunftsfamiliensystem erfordert, damit die beiden Bedürfnisstrukturen (Unabhängigkeit und Verbundenheit) auch innerhalb anderer Systeme integriert werden können.

Für das Cluster 4, mit der verstrickten, distanzierten Ausgangsposition deuten die kurzfristigen Veränderungen auf das „In-Bewegung-geraten" der Herkunftsfamiliensysteme hin. Eine Attraktorveränderung hin zu einer wesentlich differenzierteren, verbundeneren Position stabilisiert sich allerdings erst nach einiger Zeit. Trotz ungünstiger Ausgangsposition können die Teilnehmerinnen dieses Clusters zu deutlich mehr Persönlicher Autorität im Herkunftsfamiliensystem finden. Auch im Bereich anderer bedeutsamer Beziehungssysteme findet die entscheidende Integration ambivalenter Grundbedürfnisse erst nach einer Weile statt. Ebenso wie das Cluster 3 nimmt auch das Cluster 4 zum Zeitpunkt der Prämessung eine Position ein, von der aus die hier interessierende Persönlichkeitsentwicklung noch auf der Ebene der charakteristischen Adaptationen gemessen werden kann. Es scheint so, als fände im Cluster 4 zwar verzögert, aber dann gleichzeitig auf mehreren Ebenen der Beziehungsgestaltung der Ausbau der Fähigkeit sowohl von emotionaler Regulation als auch Nähe-Distanz-Regulation statt.

6.2.3.6 Zusammenfassung

Für Frauen in der Mitte des frühen Erwachsenenalters lassen sich unterschiedliche Wege zur Persönlichen Autorität beschreiben. Diejenigen mit einer annähernd idealen Position im Herkunftsfamiliensystem bezüglich Selbstdifferenzierung und Verbundenheit besitzen die nötigen Anpassungsstrategien und entwickeln sich vermutlich auf anderen Ebenen (Lebensgeschichte, Sinnbildung, Identitätsfindung). Diejenigen mit mittlerer Differenzierung und Verbundenheit im Herkunftsfamiliensystem scheinen genügend Persönliche Autorität zu besitzen, um den Transfer in andere Beziehungssysteme gelingen zu lassen. Diejenigen, die bei mittlerer Differenzierung distanziert sind, gewinnen deutlich an Persönlicher Autorität im Herkunftsfamiliensystem, transferieren ihre gewonnenen Regulationsfähigkeiten (vor allem Nähe-Distanz-Regulation) aber erst verzögert in andere Systeme. Diejenigen mit der schwierigen verstrickt-distanzierten Position entwickeln zwar verzögert, aber dann deutlich, mehr Persönliche Autorität im Herkunftsfamiliensystem und auch in anderen bedeutsamen Beziehungssystemen. Dennoch hat diese vierte Gruppe am Ende der Untersuchung Werte für Persönliche Autorität, die vom Ideal deutlich entfernt liegen. Ob diese Position als Erreichen des Entwicklungsziels gelten kann, ob sie noch veränderbar ist oder ob hier Defizite in der Persönlichkeitsentwicklung deutlich werden, muss in anderen Untersuchungen, auch in Abgrenzung zu klinischen Stichproben, geklärt werden.

6.3 Ausblick für weitere Forschung

Die vorliegende Arbeit will ihren Teil dazu beitragen, dass Persönlichkeitsentwicklung im frühen Erwachsenenalter besser darstellbar wird. Um dies zu vervollständigen, sollte langfristig eine hinsichtlich Anzahl und Stichprobenmerkmale repräsentative Stichprobe untersucht werden. Das bedeutet, dass Männer und Frauen mit unterschiedlichem sozioökonomischem Status, aus verschiedenen Regionen und aus allen Bildungsschichten untersucht werden sollten. Als weitere Perspektive bieten sich kulturvergleichende Studien an.

Um die vorläufigen langfristigen Ergebnisse auch statistisch abzusichern, muss die Katamnese für die gesamte Stichprobe ausgebaut und möglicherweise ein weiterer Messzeitpunkt hinzugefügt werden.

Andere Zugänge, über die differenziert werden könnte, ob die Intervention der systemischen Familienrekonstruktion zu einer forcierten Entwicklung führt und somit die „Raffung" des Längsschnitts simuliert, könnten sowohl im Bereich der Entwicklung eines realen Längsschnittdesigns, als auch im Bereich eines Kontrollgruppendesigns liegen. Die Ausweitung der Untersuchung auf klinische Stichproben stellt einen wichtigen weiteren Schritt dar: Erstens hinsichtlich der Frage, inwiefern die Integration von Unabhängigkeits- und Verbundenheitsbedürfnissen eine wichtige Entwicklungsaufgabe des frühen Erwachsenenalters darstellt und zweitens ob und unter welchen Bedingungen sich systemische Familienrekonstruktion zur Unterstützung von Persönlichkeitsentwicklungsprozessen eignet.

Um die Frage zu klären, wovon eine unterschiedliche Ausgangsposition im Herkunftsfamiliensystem abhängig ist, müssen neben dem Inventar interpersonaler Probleme Kontrollvariablen in weitere Untersuchungen einbezogen werden. Dafür eignen sich beispielsweise Persönlichkeitsvariablen auf allen Ebenen (Traits, charakteristische Adaptationen, Lebensgeschichten), Variablen des Familienklimas (auch retrospektiv) oder Variablen des sozioökonomischen Status.

Zusätzlich sollten die gefundenen Positionen der Teilnehmerinnen mit weiteren Außenkriterien verknüpft werden, um zu klären, ob die sich anbietende Typologie der vier Cluster als Unterscheidungskriterium für psychologische Forschung und Intervention bedeutsam ist (externe Validierung). Dafür eignen sich beispielsweise Variablen wie Lebenszufriedenheit, psychische und physische Gesundheit, sowie Beziehungszufriedenheit. Über solche Außenkriterien könnte außerdem besser definiert werden, ab welchem Ausmaß an Verbundenheit, Unabhängigkeit oder der Integration beider Bedürfnisse das Entwicklungsziel des frühen Erwachsenenalters erreicht ist. Oder anders formuliert, ob es eine ideale Entwicklungslinie im frühen Erwachsenenalter gibt, oder ob – wie in dieser Arbeit aufgezeigt – unterschiedliche Wege zielführend für eine gelungene Entwicklung bezüglich der Integration von Unabhängigkeits- und Verbundenheitsbedürfnissen sind.

Ein weiterer Ansatzpunkt für den Ausbau der Forschung ist die Integration der unterschiedlichen Datenebenen des Projekts „Evaluation von systemischen Familienrekonstruktionen" (Schmidt, 2003; Schmidt & Schmid, 2002; Schmidt et al., 2001). Dabei könnte die Ebene der charakteristischen Adaptationen mit der Ebene der Narrationen verknüpft werden, weil so die Interpretation der Veränderungen bezüglich Inhalt und Sinnstrukturen möglich wird. Dafür sollte die qualitative Forschung einbezogen und ausgebaut werden; vorstellbar wäre dies als qualitative Untersuchung der Verläufe prototypischer Einzelfälle. Insbesondere von Interesse ist auch die Integration der im Prozess der Rekonstruktion erhobenen Daten. Damit können über 16 Messzeitpunkte

erhobene Befindlichkeiten, sowie kognitive und emotionale Verarbeitungs-
strategien helfen, die differentiellen Entwicklungswege besser zu beschreiben.

6.4 Anwendungsrelevanz der Ergebnisse

Die Anwendungsrelevanz der Ergebnisse dieser Untersuchung ist aufgrund
der eher grundlagenorientierten und hypothesengenerierenden Ausrichtung
der Arbeit eingeschränkt, soll aber als Ausblick der Anwendungsrelevanz
möglicher späterer Ergebnisse dennoch diskutiert werden.

Zunächst einmal besteht die Relevanz dieser Arbeit darin, Forschungspro-
zesse auf der Ebene zwischen Persönlichkeits-, Entwicklungs- und klinischer
Psychologie voranzubringen. Definierte Ziele sind dabei neben der normativen oder differenzierten Beschreibung von Persönlichkeitsentwicklungsprozessen auch Zielbestimmungen für die Anwendung von eher biographisch
orientierten Interventionen, wie der systemischen Familienrekonstruktion in
der Gruppe. Solange allerdings die Einordnung der Ergebnisse dieser Arbeit
mit Hilfe entsprechender Outcome-Variablen fehlt, können Schlussfolgerungen nur angedeutet werden.

Unter der Voraussetzung, dass sich die in dieser Arbeit beschriebene Typologie der Erwachsenenentwicklung zwischen Unabhängigkeit und Verbundenheit abhängig von der Herkunftsfamilienposition bestätigt und anhand von
Außenvariablen wie Gesundheit und Zufriedenheit eingeordnet werden kann,
wäre diese für die Diagnostik im persönlichkeitspsychologischen aber auch
im klinischen Bereich sicher bedeutsam. Implikationen für die praktische
Anwendung präventiver oder therapeutischer Interventionen könnten dann
folgendermaßen lauten:

Bei Klienten sollte der Status der Persönlichen Autorität im Herkunftsfamiliensystem bei der Eingangsdiagnostik berücksichtigt werden.

1. Klienten, die differenziert und verbunden sind, können sich emotional gut
   regulieren, ebenso wie sie auf der Verhaltensebene mit Nähe und Distanz
   gut umgehen können. Menschen mit soviel Sicherheit sind für die emotionale Konfrontation mit biographischer Lebens- und Familiengeschichte
   gut gerüstet. Sie sollten bei der Rekonstruktion ihrer Geschichte und Sinn-
   findung unterstützt werden, sonst könnten sie Interventionen als zu wenig
   weiterführend empfinden.

2. Klienten, die nur im Mittelfeld differenziert, aber gut verbunden sind,
   können sich im Herkunftsfamiliensystem gut genug regulieren, um in
   mehreren Beziehungssystemen gleichzeitig Ambivalenzen zwischen Unabhängigkeit und Verbundenheit bearbeiten zu können. Auch sie sind für
   die Rekonstruktion ihrer Geschichte gut gerüstet.

3. Klienten, die mittelmäßig differenziert, aber distanziert sind, sollten bei
   dem Wunsch, Ambivalenzen zwischen Unabhängigkeit und Verbunden-

heit aufzulösen (möglicherweise in der Partnerschaft), darin unterstützt werden, sich zunächst ihrem Herkunftsfamiliensystem zuzuwenden. Über mehr Persönliche Autorität in der Kommunikation mit den Eltern kann mehr Verbundenheit wachsen, die eine gute Voraussetzung für den Transfer besserer Regulationsfähigkeit in andere Systeme ist. Bei der Rekonstruktion sollten die Gründe für die Distanzierung sensibel berücksichtigt werden.

4. Klienten, die verstrickt und distanziert sind, entwickeln bessere Regulationsfähigkeiten, möglicherweise zeitverzögerter als andere Typen. Der entsprechende Berater sollte nicht davon ausgehen, dass keine Veränderung passieren kann, nur weil Erfolge nicht schnell sichtbar werden. Dies kann auch den Klienten vermittelt werden. Auch hier ist die Rekonstruktion der eigenen und familiären Geschichte sinnvoll, auch wenn berücksichtigt werden muss, dass die emotionalen und Nähe-Distanz-Regulationsfähigkeiten möglicherweise nicht genügend Sicherheit geben. Eine sichere Basis anzubieten und zu schützen ist bei dieser Klientengruppe sehr wesentlich.

Abschließend bleibt festzuhalten: Das Thema Persönlichkeitsentwicklung im frühen Erwachsenenalter, ebenso wie in anderen Phasen des Erwachsenenalters, verdient Beachtung. Bei der Beschreibung von Entwicklungsprozessen sind insbesondere differentielle Ansätze, unter systemischer Perspektive betrachtet, das Forschungsfeld der Zukunft. Dafür müssen Synergieeffekte unterschiedlicher psychologischer Felder (u.a. Persönlichkeitspsychologie, Entwicklungspsychologie, Klinische Psychologie) genutzt werden.

7 Zusammenfassung

Im Zentrum dieser Arbeit steht die Persönlichkeitsentwicklung von Frauen im frühen Erwachsenenalter (21-40 Jahre; Berk, 2005). Insbesondere das Spannungsfeld zwischen dem Selbstbedürfnis nach eigener Autonomie oder Unabhängigkeit und dem Sozialbedürfnis nach Intimität oder Verbundenheit soll betrachtet werden.

Theoretische Basis bildet dabei hauptsächlich das Modell der Entwicklung Persönlicher Autorität im Herkunftsfamiliensystem von Williamson (1991), das sich mit der Vereinbarkeit dieser grundlegenden Bedürfnisse beschäftigt und aus einer systemischen Perspektive heraus konzipiert wurde. Williamson bezeichnet dieses Phänomen der Persönlichkeitsentwicklung im Spannungsfeld widerstreitender Bedürfnisse als Intimitätsparadoxon: Personen wollen auf der einen Seite emotional frei und selbstbestimmt sein, gleichzeitig aber ihre Ideen, Hoffnungen, Gefühle, Werte und Ängste mit bedeutungsvollen Anderen in intimen Beziehungen teilen. Die Überwindung dieses Paradoxons liegt nach Williamson in der Entwicklung spezieller sozialer Qualifikationen, die im Umgang mit der eigenen Person, wie auch im Umgang mit anderen Menschen zu der Ausprägung von Persönlicher Autorität im Familiensystem führen (Vierzigmann, 1995). Persönliche Autorität wird dabei verstanden als die Fähigkeit Unabhängigkeit und Verbundenheit zum Herkunftsfamiliensystem im Gleichgewicht zu halten, d.h. sich selbst zu verwirklichen und sich gleichzeitig in engen Beziehungen zu Mitgliedern der Herkunftsfamilie (vor allem zu den eigenen Eltern) frei zu bewegen zu können. Dies wird als „Basisqualifikation" (Vierzigmann, 1995) auf dem Weg zu einer erwachsenen Beziehungspersönlichkeit gesehen. Ähnlich wird von Lawson und Brossart (2004) der Begriff der Selbstdifferenzierung postuliert, der die Fähigkeit, Unabhängigkeit und Verbundenheit innerhalb eines Beziehungssystems leben zu können, bezeichnet.

Nun stellt sich die Frage, was die psychosozialen Persönlichkeitsentwicklungsprozesse junger Frauen auslöst bzw. wo die Motivation für Erwachsenenentwicklung gesehen werden kann. Die Sichtbarmachung eines solchen Veränderungsprozesses, der im Normalfall mehrere Jahre umfasst, wurde durch die Anwendung der Methode der systemischen Familienrekonstruktion ermöglicht: Dadurch werden die beschriebenen Persönlichkeitsentwicklungsprozesse der Teilnehmerinnen in einer Art Zeitraffer aktiviert bzw. intensiviert und es wird wahrscheinlicher, dass sich Entwicklungsschübe zeitnah zu dieser Intervention ereignen. Abschließend wird der Theorieteil um die Integration systemischer Aspekte ergänzt. Dies erfolgt sowohl aus theoretischer wie auch methodischer Sicht durch die Vorstellung der systemischen Familienrekonstruktion nach dem Münchner Modell.

Die in dieser Arbeit verwendeten Daten stammen aus einem am Lehrstuhl Persönlichkeitspsychologie, Psychologische Diagnostik und Familienpsychologie (Ludwig-Maximilians-Universität München) angesiedelten Forschungsprojekt mit dem Titel „Evaluation von systemischen Familienrekonstruktionen" (Schmidt, 2003; Schmidt & Schmid, 2002; Schmidt et al., 2001). Die Stichprobe besteht aus 102 jungen Frauen (Durchschnittsalter 31 Jahre), die an einer systemischen Familienrekonstruktion in der Gruppe teilnahmen. Das verwendete Untersuchungsdesign war eine Prä-Post-Katamnese-Messung, bei der die Prämessung direkt vor Beginn der Vorbereitungsphase zur Familienrekonstruktion, die Postmessung ca. zwei Monate nach Ende und die Katamnese mindestens ein Jahr nach Ende der Familienrekonstruktionen durchgeführt wurde.

Im Mittelpunkt standen die Fragen:

1. Lassen sich die im Theorieteil herausgearbeiteten zwei Dimensionen der Selbst- und Sozialentwicklung im Herkunftsfamiliensystem der Probandinnen in einem zweidimensionalen Raum darstellen?
2. Verändert sich die Position der jungen Frauen in ihren Herkunftsfamilien im Verlauf der systemischen Intervention hinsichtlich der Ausprägung von Autonomie- und Verbundenheitsbedürfnissen?
3. Wie lassen sich entsprechende Entwicklungswege beschreiben?
4. Lässt sich eine mögliche Integration der Bedürfnisse auch in anderen sozialen Bezugssystemen (aktuelle Partnerschaft, Freundeskreis, etc.) feststellen?

Es wurden zwei Selbstauskunfts-Erhebungsinstrumente verwendet: Zum einen der *Personal Authority in the Family System-Questionnaire* (PAFS-Q; Bray et al., 1984). Hiermit wird erfasst, wie sich die Probandinnen in ihrem Herkunftsfamiliensystem positioniert sehen, d.h. wie hoch das Konstrukt Persönliche Autorität ausgeprägt ist. Zum anderen die Kurzform des *Inventars zur Erfassung interpersonaler Probleme* (IIP-C; Horowitz et al., 1994), in welchem sich interpersonale Verhaltensweisen in einem dem Circumplex-Modell entsprechenden zweidimensionalen Raum („Zuneigung" und „Kontrolle oder Dominanz") anordnen lassen (Benjamin, 1974; Horowitz et al., 1994; Wiggins, 1979).

Nach der Überprüfung der Reliabilität der verwendeten Skalen wurde der PAFS-Q faktorenanalytisch auf zwei Dimensionen reduziert: *Verbundenheit vs. Distanzierung* und *Selbstdifferenzierung vs. emotionale Verstrickung*. Diese bilden die Grundlage für die Positionierung der Teilnehmerinnen in ihrem Herkunftsfamiliensystem. Die längsschnittlichen Veränderungsmessungen wurden mittels Varianzanalysen mit Messwiederholung ausgewertet. Alle Ergebnisse werden sowohl global für die gesamte Stichprobe berichtet, als auch differenziert für vier verschiedene Substichproben, die anhand ihrer Ausgangspositionen im Herkunftsfamiliensystem geclustert wurden.

Die Frage, ob sich die im Theorieteil herausgearbeiteten zwei Dimensionen der Selbst- und Sozialentwicklung (Autonomie und Verbundenheit) im Herkunftsfamiliensystem der Probandinnen in einem zweidimensionalen Raum darstellen lassen, konnte bejaht werden. Bei der Betrachtung der Veränderung der Position der jungen Frauen in ihren Herkunftsfamilien über den Verlauf der systemischen Intervention muss zwischen der globalen und der differenziellen Betrachtung unterschieden werden. Bei ersterer zeigen sich eher wenige Unterschiede in den Skalen der Messinstrumente. Betrachtet man hingegen die vier Cluster getrennt in ihren einzelnen Veränderungsmaßen, so zeigt sich für das PAFS-Q, dass die Gruppen mit einer hohen Ausprägung von Verbundenheit im Herkunftsfamiliensystem zum zweiten Messzeitpunkt wesentlich weniger Veränderungen aufweisen als die beiden Gruppen mit hoher Distanzierung. Für das IIP-C (und damit den Transfer in andere soziale Bezugssysteme) gilt, dass sich für diejenigen mit hohen Differenzierungswerten keine Mittelwertunterschiede zeigen, während diejenigen mit anfänglich hoher emotionaler Verstrickung deutliche Veränderungen aufweisen. Insgesamt bringt die differenzielle Perspektive einen großen Zugewinn für die Beschreibung von Persönlichkeitsentwicklung.

Die Grenzen der empirischen Untersuchung sowie die zentralen Ergebnisse werden kritisch diskutiert, um dann mit einem Ausblick für weitere Forschungsarbeiten und der Anwendungsrelevanz der Ergebnisse abzuschließen.

8 Literatur

A

Amelang, M. & Bartussek, D. (1997). *Differentielle Psychologie und Persönlichkeitsforschung.* Stuttgart: Kohlhammer.

Andersen, T. (1995). Reflecting Processes. Acts of informing and forming. New York: Guilford.

Angus, L. E. & McLeod, J. (2004). The handbook of narrative and psychotherapy. Practice, theory and research. Thousand Oaks: Sage Publications.

Asendorpf, J. B. (2004). *Psychologie der Persönlichkeit.* Berlin: Springer-Verlag.

B

Bakan, D. (1966). The duality of human existence: Isolation and communion in western man. Boston: Beacon.

Bakan, D. (1976). Mensch im Zwiespalt. Psychoanalytische, soziologische und religiöse Aspekte der Anthropologie. München: Kaiser.

Baltes, P. B. (1990). Entwicklungspsychologie der Lebensspanne: Theoretische Leitsätze. *Psychologische Rundschau, 41,* 1-24.

Bartholomew, K. & Horowitz, L. M. (1991). Attachment styles among young adults: A test of a four-category model. *J Personal Soc Psychol, 61,* 226-244.

Benjamin, L. S. (1974). Structural analysis of a family in therapy. *Pychological Review, 81,* 392-425.

Berger, P. L. & Thomas, L. (1977). *Die gesellschaftliche Konstruktion der Wirklichkeit.* Frankfurt a. Main: Fischer.

Berk, L. E. (2005). *Entwicklungspsychologie.* München: Pearson Studium.

Bertanlanffy, L. V. (1968). General systems theory: foundations, development, applications. New York: Goerge Braziller.

Bischof, N. (1996a). *Das Kraftfeld der Mythen.* München: Piper.

Bischof, N. (1996b). *Struktur und Bedeutung.* Bern: Huber Verlag.

Blatt, S. J. (1990). Interpersonal relatedness and self-definition: Two personality configurations and their implications for psychopathology and psychotherapy. In J. L. Singer (Ed.), *Repression and dissociation* (pp. 299-335). Chicago: University of Chicago Press.

Bles, P. (2002). Die Selbstbestimmungstheorie von Deci und Ryan. In D. Frey & M. Irle (Eds.), *Theorien der Sozialpsychologie. Band III.* Bern: Verlag Hans Huber.

Bodenmann, G. (2000). *Stress und Coping bei Paaren.* Göttingen: Hogrefe.

Bortz, J. (1999). *Statistik für Sozialwissenschaftler.* Berlin: Springer.

Böse, R. & Schiepek, G. (1994). *Systemische Theorie und Therapie.* Heidelberg: Asanger.

Boszormenyi-Nagy, I. & Spark, G. M. (1993). *Unsichtbare Bindungen. Die Dynamik familiärer Systeme.* Stuttgart: Klett-Cotta.

Bowen, M. (1978). *Family therapy in clinical practice.* New York: Aronson.

Brandtstädter, J. (1990). Entwicklung im Lebenslauf. Ansätze und Probleme der Lebensspannen-Entwicklungspsychologie. In K. U. Mayer (Ed.), *Lebensläufe und sozialer Wandel* (pp. 322-350). Opladen: Westdeutscher Verlag.

Bray, J. H., Williamson, D. S. & Malone, P. (1984). Personal authority in the family system: Development of a questionnaire to measure personal authority in intergenerational family process. *Journal of Marital and Family Therapy, 10*, 167-178.

Bruner, J. (1990). *Acts of meaning*. Cambridge: Harvard University Press.

Bruner, J. (1999). Self-Making and World-Making. Wie das Selbst und seine Welt autobiographisch hergestellt werden. *Journal für Psychologie, 7*(1), 11-21.

C

Carter, B. & McGoldrick, M. (1998). The expanded family life cycle: Individual, family and social perspectives (3rd ed.). Boston: Allyn & Bacon.

Conen, M. L. (1993). Systemische Familienrekonstruktion. *Zeitschrift für Systemische Therapie, 11*, 84-95.

D

Deci, E. L. (1975). *Intrinsic motivation*. New York: Plenum.

Deci, E. L. & Ryan, R. M. (1985). Intrinsic motivation and self-determination in human behavior. New York: Plenum Press.

Deci, E. L. & Ryan, R. M. (1991). A motivational approach to self: Integration in personality. In D. R. & R. M. Ryan (Eds.), *Nebraska symposium an motivation: Vol. 38 Perspectives on motivation* (pp. pp. 237-288). Lincoln: University of Nebraska Press.

Deci, E. L. & Ryan, R. M. (2000). Self-determination theory and the facilitation of intrinsic motivation, social development, and well-being. *American Psychologist, 55*, 68-78.

Deci, E. L. & Ryan, R. M. (Eds.). (2002). *Handbook of Self-Determination Research*. Rochester, N.Y.: University of Rochester Press.

E

Erikson, E. H. (1963). *Childhood and society* (2nd ed.). New York: Norton.

Erikson, E. H. (1964). *Insight and responsibility*. New York: Norton.

Erikson, E. H. (1968). *Identity, youth, and crisis*. New York: Norton.

F

Fiske, S. T. & Taylor, S. E. (1984). *Social recognition*. Reading, MA: Addison-Wesley.

Framo, J. L. (1992). Family-of-origin therapy: an intergenerational approach. New York: Brunner/Mazel.

Friedman, H. S. & Schustack, M. W. (2004). *Persönlichkeitspsychologie und Differentielle Psychologie*. München: Pearson Studium.

G

Gergen, K. J. (1999). *An invitation to social construction*. London: Sage.

Giddens, A. (1991). Modernity and self-identity: self and society in the late modern age. Stanford: University Press.

Goulet, L. R. & Baltes, P. B. (1970). *Life-span developmental psychology*. New York: Academic Press.

Gurman, A. S. (Ed.). (1991). *Handbook of Family Therapy* (Vol. 2). New York: Brunner / Mazel.

H

Haken, H. (1990). *Synergetik*. Berlin: Springer.

Haken, H. & Schiepek, G. (2006). Synergetik in der Psychologie. Selbstorganisation verstehen und gestalten. Göttingen: Hogrefe.

Harris, M. B., Page, P. & Begay, C. (1988). Attitudes toward aging in a Southwestern sample: Effects of ethnicity, age, and sex. *Psychological Reports, 62*, 735-746.

Haupt, T. C. (2004). *Persönlichkeitstyp und Stresserleben*. München: LMU (Dissertation).

Hazan, C. & Shaver, P. R. (1987). Romantic Love conzeptualized as an attachment process. *J Personal Soc Psychol, 52 (3)*, 511-524.

Heinz, W. R. (2001). Der Lebenslauf. In H. Joas (Ed.), *Lehrbuch der Soziologie* (pp. 145-168). Frankfurt am Main: Campus Verlag.

Hermans, H. J. M. (1996). Opposites in a dialogical self: Constructs as caracters. *Journal of Constructivist Psychology, 9*, 1-26.

Hermans, H. J. M. (2003). The construction and reconstruction of a dialogical self. *Journal of Constructivist Psychology, 16*, 89-130.

Hermans, H. J. M. & Hermans-Jansen, E. (1995). *Self narratives: The construction of meaning in psychotherapy*. New York: Guilford Press.

Horney, K. (1945). *Our inner conflicts*. New York: Norton.

Horowitz, L. M. (2004). *Interpersonal Foundations of Psychopathology*. Washington, DC: American Psychological Association.

Horowitz, L. M., Rosenberg, S. E., Baer, B. A., Ureno, G. & Villasenor, V. (1988). Inventory of Interpersonal Problems. *Journal of Consulting and Clinical Psychology, 56*, 885-892.

Horowitz, L. M., Strauß, B. & Kordy, H. (1994). *Das Inventar zur Erfassung interpersonaler Probleme - Deutsche Version*. Weinheim: Beltz Test Gesellschaft.

K

Kegel, S. (2001). Die Frau von dreißig Jahren. Ally McBeal, der Sex und die Stadt: Mutmaßungen über eine neue condition féminine, die die Frauenfrage nicht obsolet macht, aber anders stellt. *FAZ, vom 15.09.2001*.

Kerr, M. E. & Bowen, M. (1988). *Family evaluation*. New York: Norton.

Kohut, H. (1971). *The analysis of the self*. New York: International Universities Press.

Kriz, J. (1997). Systemtheorie. Eine Einführung für Psychologen, Psychotherapeuten und Mediziner. Wien: Facultas.

L

Lawson, D. M. & Brossart, D. F. (2004). The Developmental Course of Personal Authority in the Family System. *Family Process, 43*, 391-409.

Lawson, D. M., Gaushell, H. & Karst, R. (1993). The age onset of personal authority in the family system. *Journal of Marital and Family Therapy, 19*, 267-272.

Leary, T. (1957). *Interpersonal diagnosis of personality*. New York: Ronald Press.

Levinson, D. J. (1978). *The seasons of a man's life*. New York: Knopf.

Levinson, D. J. (1986). A Conception of Adult Development. *American Psychologist, 41*(1), 3-13.

Levinson, D. J. (1996). *The seasons of a woman's life*. New York: Knopf.

Lewin, K. (1935). *A dynamic theory of personality*. New York: McGraw-Hill.

Loevinger, J. (1976). *Ego development*. San Francisco: Jossey-Bass.

Ludewig, K. (1993). Systemische Therapie: Grundlagen klinischer Theorie und Praxis. Stuttgart: Klett-Cotta.

M

Main, M. & Goldwyn, R. (1995-1996). *Adult attachment classification and rating system*. Unpublished Ms., University of California, Berkeley.

Manteufel, A. & Schiepek, G. (1998). Systeme spielen. Selbstorganisation und Kompetenzentwicklung in sozialen Systemen. Göttingen: Vandenhoeck & Ruprecht.

Maslow, A. H. (1970). *Motivation and personality* (2nd ed.). New York: Harper & Row.

Massing, A., Reich, G. & Sperling, E. (1992). *Die Mehrgenerationen-Familientherapie*. Göttingen: Vandenhoeck & Ruprecht.

Maturana, H. & Varela, F. (1987). *Der Baum der Erkenntnis*. München: Scherz.

McAdams, D. P. (1996). Narrating the self in adulthood. In T. Svensson (Ed.), *Aging and biographie: Explorations in adult development* (pp. 131-148). New York.

McAdams, D. P. (2006). The Person. An integrated introduction to personality psychology. (2 ed.). New York: John Wiley & Sons.

McCrae, R. R. & Costa, P. T. (1990). *Personality in Adulthood*. New York: The Guilford Press.

McCrae, R. R. & Costa, P. T. (1996). Toward a new generation of personality theories: Theoretical contexts for the five-factor model. In J. S. Wiggins (Ed.), *The five-factor model of personality: Theoretical perspectives* (pp. 51-87). New York: Guilford Press.

McCrae, R. R. & Costa, P. T. (1999). Five-factor theorie of personality. In L. A. Pervin & O. P. John (Eds.), *Handbook of personality* (2nd ed., pp. 139-153). New York: Guilford Press.

McCrae, R. R., Costa, P. T., de Lima, M.-P., Simoes, A., Ostendorf, F., Angleitner, A., et al. (1999). Age differences in personality across the adult life span: Parallels in five cultures. *Developmental Psychology, 35*, 466-477.

McCrae, R. R., Costa, P. T., Ostendorf, F., Angleitner, A., Hrebickova, M., Avia, M., et al. (2000). Nature over nurture: Temperament, personality, and life span development. *Journal of Personality and Social Psychology, 78*, 173-186.

McGoldrick, M. & Gerson, R. (2000). *Genogramme in der Familienberatung*. Bern: Huber.

Murray, H. A. (1953). *Explorations in personality*. New York: Oxford University Press.

O

Oerter, R. & Montada, L. (2002). *Entwicklungspsychologie: Ein Lehrbuch* (5 ed.). Weinheim: Psychologie Verlags Union.

Olbrich, E. (1982). Die Entwicklung der Persönlichkeit im menschlichen Lebenslauf. In R. Oerter & L. Montada (Eds.), *Entwicklungspsychologie* (pp. 91-123). München: Urban & Schwarzenberg.

P

Pervin, I. A. & John, O. P. (2001). *Personality: Theorie and Research*. New York: Wiley.

R

Roberts, B. W. & DelVecchio, W. F. (2000). The rank-order consistency of personality traits from childhood to old age: A quantitative review of longitudinal studies. *Psychological Bulletin, 126*, 3-25.

Roberts, P. & Newton, P. M. (1987). Levinsonian studies of women's adult development. *Psychology and Aging, 2*, 154-163.

Rogers, C. R. (1951). *Clientcentered therapy*. Boston: Houghton-Mifflin.

Ryan, R. M., Mims, V. & Koestner, R. (1983). Relation of reward contingency and interpersonal context to intrinsic motivation: A review and test using cognitive evaluation theory. *Journal of Personality and Social Psychology, 45,* 736-750.

S

Satir, V. & Baldwin, M. (1983). *Satir step-by-step.* Palo Alto: Science and Behavior Books.

Satir, V., Banmen, J., Gerber, J. & Gomori, M. (1995). *Das Satir-Modell. Familientherapie und ihre Erweiterung.* Paderborn: Junfermann.

Satir, V., Bitter, J. R. & Krestensen, K. K. (1988). Family reconstruction: the family within - a group experience. *Journal for Specialists in Group Work, 13,* 200-208.

Schaer, M. H. (2005). *Eine neue Geschichte schreiben.* München: LMU (unveröffentlichte Diplomarbeit).

Schiepek, G. (1999). Die Grundlagen der systemischen Therapie: Theorie, Praxis, Forschung. Göttingen: Vandenhoeck & Ruprecht.

Schiepek, G., Kröger, F. & Eckert, H. (2001). Nichts ist praktischer als eine gute Theorie. Das systemische Projekt als wissenschaftliche Herausforderung. *Kontext, 32,* 265-289.

Schlippe, A. v. & Schweitzer, J. (1996). *Lehrbuch der systemischen Therapie und Beratung.* Göttingen: Vandenhoeck & Ruprecht.

Schmidt, M. (2003). *Systemische Familienrekonstruktion.* Göttingen: Hogrefe.

Schmidt, M. & Schmid, U. (2002). Das Münchner Modell der systemischen Familienrekonstruktion. Persönliche Autorität im Familiensystem. In B. Rollett & H. Werneck (Eds.), *Klinische Entwicklungspsychologie der Familie* (pp. 142-166). Göttingen: Hogrefe.

Schmidt, M., Schmid, U. & Sierwald, W. (2001). Systemische Familienrekonstruktion und Individuation bei Erwachsenen. In S. Walper & R. Pekrun (Eds.), *Familie und Entwicklung. Aktuelle Perspektiven der Familienpsychologie* (pp. 424-443). Göttingen: Hogrefe.

Schneewind, K. A. (1991). Familien zwischen Rhetorik und Realität: eine familienpsychologische Perspektive. In K. A. Schneewind & L. v. Rosenstiel (Eds.), *Wandel der Familie.* Göttingen: Hogrefe.

Schneewind, K. A. (1996a). *Persönlichkeitstheorien I: Alltagspsychologie und mechanistische Ansätze.* Darmstadt: Wissenschaftliche Buchgesellschaft.

Schneewind, K. A. (1996b). Persönlichkeitstheorien II: Organismische und dialektische Ansätze. Darmstadt: Primus.

Schneewind, K. A. (1999). Das Menschenbild in der Persönlichkeitspsychologie. In R. Oerter (Ed.), *Menschenbilder in der modernen Gesellschaft* (pp. 22-39). Stuttgart: Enke.

Schneewind, K. A. (2004). Sechs Thesen zur Sozialisationstheorie aus Sicht der Persönlichkeitspsychologie oder - frei nach Heinrich von Kleist - über die allmähliche Verfestigung der Persönlichkeit beim Leben. In D. Geulen & H. Veith (Eds.), *Sozialisationstheorie interdisziplinär: Aktuelle Perspektiven* (pp. 117-130). Stuttgart: Lucius & Lucius.

Schneewind, K. A. & Grandegger, C. (2005). Familienbeziehungen im mittleren Erwachsenenalter. In S.-H. Filipp & U. M. Staudinger (Eds.), *Entwicklungspsychologie des mittleren und höheren Erwachsenenalters* (Vol. 6, pp. 457-499). Göttingen: Hogrefe.

Schneewind, K. A. & Schmidt, M. (2002). Systemtheorie in der Sozialpsychologie. In D. Frey & M. Irle (Eds.), *Theorien der Sozialpsychologie* (pp. 126-156). Bern: Verlag Hans Huber.

Skowron, E. A. (2000). The role of differentiation of self in marital adjustment. *Journal of Counseling Psychology, 47*(2), 229-237.

Smith, J. & Baltes, P. B. (1999). Life-span perspectives on development. In M. H. Bornstein & M. E. Lamb (Eds.), *Developmental psychology: An advanced textbook* (4th ed., pp. 275-311). Mahwah, NJ: Erlbaum.

Sullivan, H. S. (1953). *The interpersonal theory of psychiatry*. New York: W.W. Norton.

T

Tschacher, W. (1997). *Prozessgestalten*. Göttingen: Hogrefe.

Tuason, M. T. & Friedlander, M. L. (2000). Do parents' differentiation levels predict those of their adult children? And other tests of Bowen theory in a philippine sample. *Journal of Counseling Psychology, 47*(1), 27-35.

V

Vaillant, G. E. (1977). *Adaption to life*. Boston: Little, Brown.

Vaillant, G. E. (2002). *Aging well*. Boston: Little, Brown.

Vierzigmann, G. (1995). "Persönliche Autorität im Familiensystem": ein Bindeglied zwischen individueller und familiärer Ebene. *System Familie, 8*, 31-41.

W

White, M. (1990). *Narrative means to therapeutic ends*. New York: Norton.

White, M. (1995). *Re-authoring lives: Interviews and essays*. Adelaide: Dulwich Centre.

White, M. & Epston, D. (1990). Die Zähmung der Monster. Literarische Mittel zu therapeutischen Zwecken. Heidelberg: Carl Auer.

Wiggins, J. S. (1979). A psychological taxonomy of trait-descriptive terms: The interpersonal domain. *Journal of Personality and Social Psychology, 37*, 395-412.

Williamson, D. S. (1981). Personal authority via termination of the intergenerational hierarchical boundary: A new stage in the family life cycle. *Journal of Marital and Family Therapy, 7*, 441-452.

Williamson, D. S. (1982). Personal authority in family experience via termination of the intergenerational hierarchical boundary: Part III. *Journal of Marital and Family Therapy, 8*, 309-323.

Williamson, D. S. (1991). *The Intimacy Paradox: Personal Authority in the Family System*. New York: The Guilford Press.

Williamson, D. S., Bray, J. H., Harvey, D. M. & Malone, P. (1985). *PAFS - Personal Authority in the Family System. Version C (Testunterl.)*. Houston: Texas Woman's University.

Wishart, D. (2003). *ClustanGraphics Primer. A guide to cluster analysis* (2. ed.). Edinburgh: Clustan Limited.

Julia Berkic

Bindung und Partnerschaft bei Langzeit-Ehepaaren

250 Seiten. 41 Abbildungen und 44 Tabellen. Preis: 28,00 Euro.

RHOMBOS VERLAG, Berlin 2006

ISBN 978-3-938807-29-3 - ISBN 3-938807-29-6

Haben die Erfahrungen, die eine Person in der Kindheit mit ihren Eltern gemacht hat, und die Art, wie diese Erfahrungen aktuell mental repräsentiert sind, einen Einfluss darauf, wie sich die Person in ihrer Partnerschaft verhält beziehungsweise welchen Blick sie auf die Beziehung hat?

Das vorliegende Buch beschreibt auf bindungstheoretischer Basis grundlegende Mechanismen der Emotionsregulation, die aus frühen Eltern-Kind-Interaktionen stammen und die auf spätere Beziehungen übertragen werden. Der aktuelle Forschungsstand zum Thema Bindung im Erwachsenenalter und eine Zusammenfassung längsschnittlicher Befunde werden dargelegt.

Im empirischen Teil der Arbeit wurden 30 Langzeit-Ehepaare untersucht im Hinblick auf ihre generelle, aus früheren Beziehungen stammende Bindungssicherheit und auf ihre spezifische aktuelle Partnerschaftsbindungssicherheit.

Die Ergebnisse werden nicht nur auf individueller Ebene betrachtet, sondern es werden auch Einflüsse innerhalb der Paare berücksichtigt: So zeigt sich, dass beispielsweise die in früheren Erfahrungen nicht verarbeitete Wut eines Partners, beiden Ehepartnern Schwierigkeiten im Umgang miteinander bereiten kann.

Weitere Bücher finden Sie im Internet unter: www.rhombos.de

RHOMBOS-VERLAG, Kurfürstenstrasse 17

10785 Berlin, Tel. 030-261 94 61

Fax 030-2 61 63 00,

eMail: verlag@rhombos.de,

Internet: www.rhombos.de

Verkehrsnummer: 65859

Werner Merkle / Hartmut Knopf

Ernährungsverhalten und Ernährungsberatung

Band 5. Schriftenreihe zur Entwicklung sozialer Kompetenz
162 Seiten. 2005. Preis: 21,90 Euro.
ISBN 978-3-937231-96-9. RHOMBOS-VERLAG, Berlin

Hartmut Knopf / Steffen Dauer

Störungen des Sozialverhaltens bei Kindern und Jugendlichen

Band 6. Schriftenreihe zur Entwicklung sozialer Kompetenz
172 Seiten. 2005. Preis: 22,90 Euro.
ISBN 978-3-937231-80-8. RHOMBOS-VERLAG, Berlin

Gerhard Igl / Thomas Bader

Erwartungen an sozialkompetentes Handeln von Servicepersonal in der Gastronomie

Band 7. Schriftenreihe zur Entwicklung sozialer Kompetenz
174 Seiten. 2006. Preis: 22,00 Euro
ISBN 978-3-938807-24-8, ISBN 978-3-938807-24-8
RHOMBOS-VERLAG, Berlin

Hartmut Knopf / Christoph Gallschütz

Prosozialität statt Aggressivität

Band 8. Schriftenreihe zur Entwicklung sozialer Kompetenz
156 Seiten. 2006. Preis: 23,90 Euro
ISBN 978-3-938807-25-5, ISBN 978-3-938807-25-5
RHOMBOS-VERLAG, Berlin

Alle Preise inklusive Versand und MwSt. in Deutschland!

Besuchen Sie uns im Internet
www.rhombos.de